Joachim Schote

Orientierungskurs

→ **Grundwissen Politik, Geschichte und Gesellschaft in Deutschland**

Orientierungskurs

→ Grundwissen Politik, Geschichte
und Gesellschaft in Deutschland

Im Auftrag des Verlages erarbeitet von Joachim Schote

Lektorat: Denise Schmidt
Projektleitung: Gunther Weimann

Bildredaktion: Denise Schmidt

Illustrationen: Matthias Pflügner
Gesamtgestaltung und technische Umsetzung: SOFAROBOTNIK, Augsburg und München

Umschlagfotografie: JUNOPHOTO, Berlin

www.cornelsen.de

Die Links zu externen Webseiten Dritter, die in diesem Lehrwerk angegeben sind, wurden vor
Drucklegung sorgfältig auf ihre Aktualität geprüft. Der Verlag übernimmt keine Gewähr für die
Aktualität und den Inhalt dieser Seiten oder solcher, die mit ihnen verlinkt sind.

1. Auflage, 3. Druck 2013

Alle Drucke dieser Auflage sind inhaltlich unverändert und können im Unterricht
nebeneinander verwendet werden.

© 2011 Cornelsen Verlag, Berlin
© 2013 Cornelsen Schulverlage GmbH, Berlin

Druck: Stürtz GmbH, Würzburg

ISBN 978-3-06-020014-6

 Inhalt gedruckt auf säurefreiem Papier aus nachhaltiger Forstwirtschaft.

Orientierungskurs • Auf einen Blick

Das Lehrwerk auf der Niveaustufe A2/B1 des Gemeinsamen europäischen Referenzrahmens orientiert sich eng am Curriculum für einen bundesweiten Orientierungskurs des Bundesamtes für Migration und Flüchtlinge (BAMF). Das Material kann in 45 oder 60 Unterrichtsstunden bearbeitet werden und dient auch zur Vorbereitung auf den bundeseinheitlichen Orientierungskurstest.

In drei Modulen werden die Themenbereiche:

– *Politik in der Demokratie,*
– *Geschichte und Verantwortung und*
– *Mensch und Gesellschaft*

multiperspektivisch behandelt. Das Basiswissen, das in den Modulen vermittelt wird, soll dazu beitragen, das politische und soziale System der Bundesrepublik, die historische Entwicklung seit der Zeit des Nationalsozialismus sowie das Alltagsleben in Deutschland besser zu verstehen. Die Themen und Inhalte werden dabei teilnehmerorientiert aufbereitet und haben immer einen Bezug zum Alltag der Lernenden. Die klar strukturierten Lernsequenzen mit abwechslungsreichen Aufgaben ermöglichen es den Lernenden, ihre Kompetenzen Schritt für Schritt auszubauen.

Die Einführungsdoppelseite des Lehrwerks führt in die Themen des Orientierungskurses ein und bietet den Lernenden die Gelegenheit, Vorwissen zu aktivieren. Jeweils am Ende der Module sind die wichtigsten Informationen auf der Seite *„Wissen im Überblick"* zusammengefasst. Daran schließt ein *„Abschlussquiz"* zur Selbstevaluation an. Die letzte Doppelseite *„Der Orientierungskurs – Eine Bilanz"* ermöglicht einen Rückblick auf den gesamten Orientierungskurs und gibt Tipps für den Test zum Orientierungskurs.

Der Anhang umfasst

– eine Seite mit Redemitteln, die für Diskussionen im Kurs nützlich sind,
– eine Seite mit Projektvorschlägen zur Erweiterung und Vertiefung einiger der im Kurs behandelten Themen,
– die Lösungen und
– ein Glossar mit wichtigen Begriffen.

Die **Handreichungen für den Unterricht** enthalten Vorschläge und Tipps für Unterrichtsabläufe sowie Kopiervorlagen für zusätzliche Unterrichtsaktivitäten.

Unter www.cornelsen.de/daf gibt es für die Arbeit mit dem **Orientierungskurs** weitere Zusatzmaterialien.

Viel Spaß und Erfolg wünschen Ihnen

der Autor und der Cornelsen Verlag!

Inhalt

DEUTSCHLAND, ÖSTERREICH UND DIE SCHWEIZ

1 = Basel-Stadt
2 = Basel-Landschaft
3 = Aargau
4 = Schaffhausen
5 = Thurgau
6 = St. Gallen
7 = Appenzell-Ausserrhoden
8 = Appenzell-Innerrhoden
9 = Unterwalden
10 = Nidwalden
11 = Glarus

LIECHT. = LIECHTENSTEIN

0 50 100 150 200 250
km

Orientierung – Was ist das?

1a Erste Orientierung in einem fremden Land. Was sagen die Leute? Haben Sie ähnliche Erfahrungen?

> *Mein erstes Problem war die Sprache. Ich habe nichts verstanden. Mein Mann ist zum Beispiel zum Friseur mitgekommen, um zu erklären, wie ich die Haare haben wollte. Aber jetzt geht es viel besser.*

> *Am Anfang hatte ich Probleme mit den Bussen und Straßenbahnen. Ich wusste zum Beispiel nicht, wo man Fahrkarten kaufen kann.*

> *Als ich nach Deutschland gekommen bin, habe ich mich zuerst über die Einkaufsmöglichkeiten in der Nähe von meiner Wohnung informiert.*

> *Ich hatte Probleme mit den Preisen. Wenn ich eingekauft habe, habe ich die Euro-Preise im Supermarkt immer in die Währung meines Heimatlandes umgerechnet.*

1b Was bedeutet Orientierung außerdem? Lesen Sie die Texte und ordnen Sie die Überschriften zu.

Orientierung in Politik und Geschichte   Orientierung im Beruf
Orientierung im Alltag   Orientierung für die Zukunft

1.

Im Heimatland ist alles viel einfacher. Man lernt die Alltagsregeln schon als Kind durch die Erziehung, z. B. was höflich oder was unhöflich ist. In einem fremden Land muss man viele Dinge neu lernen.

2.

Wenn man die Heimat verlässt, um in einem fremden Land zu leben, muss man oft auch im Beruf neu anfangen. Man braucht Informationen über die beruflichen Möglichkeiten oder Weiterbildungsangebote.

3.

Es ist wichtig, dass man weiß, was in dem Land passiert, in dem man lebt, zum Beispiel in der Politik. Auch das ist im Heimatland einfacher, denn Geschichte und Politik des Heimatlandes lernt man in der Schule.

4.

Orientierung ist auch wichtig, wenn man die Zukunft plant. Man sollte wissen, welche Ziele man erreichen will. Dafür braucht man Informationen und sollte über sich selbst und die Menschen, mit denen man zusammen lebt, nachdenken.

2a **Orientierung für ein Leben in Deutschland. Was ist für Sie wichtig? Kreuzen Sie an.**

Orientierung bedeutet für mich, dass …
- ☐ ich weiß, wie ich Arbeit finden kann.
- ☐ ich Behördenformulare ausfüllen kann.
- ☐ ich weiß, was der Bundestag macht.
- ☐ ich ohne Angst mit den Lehrern von meinen Kindern sprechen kann.
- ☐ ich etwas über den Nationalsozialismus weiß.
- ☐ ich alles so mache wie die Deutschen.
- ☐ ich mich an die Regeln im Straßenverkehr halte.
- ☐ ich das deutsche Schulsystem kenne.
- ☐ ich etwas über die Gesetze in Deutschland weiß.
- ☐ ich immer pünktlich bin.
- ☐ ich alle Bundesländer besucht habe.
- ☐ ich etwas über das Zusammenleben in der Familie in Deutschland weiß.

2b **Was ist für Sie außerdem wichtig?**

3a **Der Orientierungskurs hat drei Module. Zu welchen Modulen gehören die Fotos?**

Politik in der Demokratie: _Foto_
Geschichte und Verantwortung:
Mensch und Gesellschaft:

3b **Schreiben Sie eine Frage zu jedem Modul. Arbeiten Sie in Gruppen. Tauschen Sie die Fragen aus. Wer weiß die Antwort?**

Politik in der Demokratie:	Geschichte:	Mensch und Gesellschaft:
Was macht der deutsche Bundestag?	Wann hat der zweite Weltkrieg angefangen?	Wie lange gehen die Kinder in Deutschland in die Schule?

Politik in der Demokratie

Politik allgemein

1a   Ergänzen Sie die Texte.

> Bundestag – Grundgesetz – Sozialsystem – Parteien – Rechtsstaat – Demokratie –
> Bundespräsident – Abgeordnete – Brandenburger Tor

1. Hier hat das deutsche Parlament, der _____, seinen Sitz. Zurzeit gibt es fünf Parteien.

2. Der Plenarsaal des Bundestages. Seine Mitglieder und die Mitglieder anderer Parlamente nennt man _____. Sie gehören zu verschiedenen Parteien und arbeiten in Fraktionen zusammen.

3. Deutschland ist eine _____ mit freien und geheimen Wahlen.

4. Die Verfassung von Deutschland: das _____.

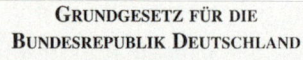

GRUNDGESETZ FÜR DIE
BUNDESREPUBLIK DEUTSCHLAND

vom 23. Mai 1949

Der Parlamentarische Rat hat am 23. Mai 1949 in Bonn am Rhein in öffentlicher Sitzung festgestellt, daß das am 8. Mai des Jahres 1949 vom Parlamentarischen Rat beschlossene Grundgesetz für die Bundesrepublik Deutschland in der Woche vom 16. bis 22. Mai 1949 durch die Volksvertretungen von mehr als Zweidritteln der beteiligten deutschen Länder angenommen worden ist.

Auf Grund dieser Feststellung hat der Parlamentarische Rat, vertreten durch seine Präsidenten, das Grundgesetz ausgefertigt und verkündet.

Das Grundgesetz wird hiermit gemäß Artikel 145 Abs. 3 im Bundesgesetzblatt veröffentlicht:

Präambel

Im Bewußtsein seiner Verantwortung vor Gott und den Menschen,

von dem Willen beseelt, als gleichberechtigtes Glied in einem vereinten Europa dem Frieden der Welt zu dienen, hat sich das Deutsche Volk kraft seiner verfassungsgebenden Gewalt dieses Grundgesetz gegeben.

Die Deutschen in den Ländern Baden-Württemberg, Bayern, Berlin, Brandenburg, Bremen, Hamburg, Hessen, Mecklenburg-Vorpommern, Niedersachsen, Nordrhein-Westfalen, Rheinland-Pfalz, Saarland, Sachsen, Sachsen-Anhalt, Schleswig-Holstein und Thüringen haben in freier Selbstbestimmung die Einheit und Freiheit Deutschlands vollendet. Damit gilt dieses Grundgesetz für das gesamte Deutsche Volk.

5. Das _____: Sozialversicherungen wie die gesetzliche Kranken- oder die Rentenversicherung sollen den Menschen soziale Sicherheit bieten.

6. Deutschland ist ein _____: Richter und Gerichte sind unabhängig von der Regierung.

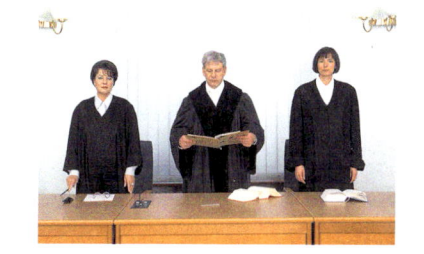

7. Der _____ ist das deutsche Staatsoberhaupt. Er wird alle fünf Jahre von der Bundesversammlung gewählt. Seit 2012 hat Joachim Gauck dieses Amt inne.

8. Das _____ und der Bundesadler sind auf der Rückseite von deutschen Euro-Münzen.

9. Wahlplakate der _____ am Straßenrand. Sie sind in der deutschen Politik sehr wichtig. Im Grundgesetz heißt es: „Die Parteien wirken bei der politischen Willensbildung des Volkes mit." (Art. 21)

1b Testen Sie Ihr Wissen. Kreuzen Sie an: richtig oder falsch?

	R	F
1. Der Bundestag wird alle vier Jahre gewählt.	☐	☐
2. Niemand muss sich in der gesetzlichen Kranken- oder Rentenversicherung versichern. Das ist freiwillig.	☐	☐
3. In einem Rechtsstaat muss sich der Staat nicht an die Gesetze halten.	☐	☐
4. An Kommunalwahlen dürfen nur deutsche Staatsbürger teilnehmen.	☐	☐
5. Im Bundestag gibt es auch Parteien, die gegen die Regierung sind.	☐	☐
6. Das Grundgesetz ist die Basis für das politische System in Deutschland.	☐	☐
7. Eltern müssen für ihre Kinder in der gesetzlichen Krankenversicherung keine Extrabeiträge bezahlen.	☐	☐
8. Die Bundesregierung kann das Grundgesetz jederzeit ändern.	☐	☐
9. Die Landesregierungen haben ihren Sitz in Berlin.	☐	☐

Die Würde des Menschen

Demokratie ist nur möglich, wenn die Menschen **Grundrechte** haben. Die Grundrechte sind Rechte, die den Bürgern eines Staates garantiert sind. Im Grundgesetz stehen sie in den Artikeln 1–19. Diese Artikel dürfen nicht geändert oder gestrichen werden.

Die Grundrechte basieren auf den Menschenrechten. Das wichtigste Grundrecht steht in Artikel 1: „Die Würde des Menschen ist unantastbar."

1 Lesen Sie die Texte und diskutieren Sie. Was bedeutet die Würde des Menschen?

Artikel 1, Grundgesetz

(1) Die Würde des Menschen ist unantastbar. Sie zu achten und zu schützen ist Verpflichtung aller staatlichen Gewalt.

(2) Das Deutsche Volk bekennt sich darum zu unverletzlichen und unveräußerlichen Menschenrechten als Grundlage jeder menschlichen Gemeinschaft, des Friedens und der Gerechtigkeit in der Welt.

(3) Die nachfolgenden Grundrechte binden Gesetzgebung, vollziehende Gewalt und Rechtsprechung als unmittelbar geltendes Recht.

Allgemeine Erklärung der Menschenrechte der UNO, Artikel 1

Alle Menschen sind frei und gleich an Würde und Rechten geboren. Sie sind mit Vernunft und Geist begabt und sollen einander im Geiste der Brüderlichkeit begegnen.

Artikel 2 (Auszug)

Jeder hat Anspruch auf alle in dieser Erklärung verkündeten Rechte und Freiheiten, ohne irgendeinen Unterschied etwa nach Rasse, Hautfarbe, Geschlecht, Sprache, Religion, politischer oder sonstiger Anschauung, nationaler und sozialer Herkunft, Vermögen, Geburt oder sonstigem Stand.

2   Lesen Sie die Sätze aus dem Grundgesetz und ordnen Sie sie den Grundrechten zu.

Artikel 3

(1) Alle Menschen sind vor dem Gesetz gleich.
(2) Männer und Frauen sind gleichberechtigt.

Artikel 4

(1) Die Freiheit des Glaubens, des Gewissens und die Freiheit des religiösen und weltanschaulichen Bekenntnisses sind unverletzlich.

Artikel 5

(1) Jeder hat das Recht, seine Meinung in Wort, Schrift und Bild frei zu äußern und zu verbreiten und sich aus allgemein zugänglichen Quellen ungehindert zu unterrichten ... Eine Zensur findet nicht statt.

Artikel 6

(1) Ehe und Familie stehen unter dem besonderen Schutze der staatlichen Ordnung.

Artikel 11

(1) Alle Deutschen genießen Freizügigkeit im ganzen Bundesgebiet.

Artikel 16 a

(1) Politisch Verfolgte genießen Asylrecht.

 **1.** Gleichberechtigung von Männern und Frauen: *Artikel*

 **2.** Glaubens- und Gewissensfreiheit:

 **3.** Meinungsfreiheit:

 **4.** Asylrecht:

 **5.** Schutz der Familie:

 6. Freiheit der Wahl des Wohn- und Aufenthaltsortes:

 **7.** Gleichheit vor dem Gesetz:

 i

Unter bestimmten Umständen sind Einschränkungen der Grundrechte möglich: Wenn Parteien oder Vereine gegen die Verfassung kämpfen, kann man sie verbieten.
Es gibt zwar Meinungsfreiheit, aber man darf andere Personen nicht beleidigen oder falsche Tatsachen verbreiten. Die Freizügigkeit gilt zunächst nur für Deutsche. Nach dem Ausländerrecht kann sie z. B. für Asylbewerber eingeschränkt sein. Einschränkungen gibt es manchmal auch für Empfänger von Sozialleistungen. Das Asylrecht gilt nur für Personen ohne deutschen Pass und nicht für Personen, die z. B. aus EU-Staaten nach Deutschland einreisen.

3   Welche Aussagen passen zu den Grundrechten? Kreuzen Sie an.

In Deutschland ...

1. ☐ dürfen Gerichte keinen Unterschied zwischen armen und reichen Menschen machen.
2. ☐ darf jeder Mensch die Regierung kritisieren.
3. ☐ hat jeder das Recht auf den Führerschein.
4. ☐ müssen Eltern ihre Kinder nicht in die Schule schicken, wenn sie das Schulsystem schlecht finden.
5. ☐ darf man gegen Gesetze demonstrieren.
6. ☐ sollen alle Menschen gleich viel Geld haben.
7. ☐ muss man sich nicht an ein Gesetz halten, wenn man das Gesetz schlecht findet.

4   Lesen Sie Artikel 2 des Grundgesetzes. Welche Erklärung passt zu welchem Absatz?

> (1) Jeder hat das Recht auf die freie Entfaltung seiner Persönlichkeit, soweit er nicht die Rechte anderer verletzt und nicht gegen die verfassungsmäßige Ordnung oder das Sittengesetz verstößt.
>
> (2) Jeder hat das Recht auf Leben und körperliche Unversehrtheit. Die Freiheit der Person ist unverletzlich. In diese Rechte darf nur auf Grund eines Gesetzes eingegriffen werden.

1. Jeder Mensch kann selbst entscheiden, was er in seinem Leben macht. Der Staat schreibt zum Beispiel nicht vor, welchen Beruf man wählt. Aber man muss die Gesetze beachten und die Rechte von anderen Menschen respektieren.

2. Der Staat darf die Menschen nicht körperlich verletzen oder die Todesstrafe einführen. Aber es gibt Regeln für die persönliche Freiheit, die in den Gesetzen stehen.

5   In welchen Situationen werden Grundrechte verletzt? Diskutieren Sie im Kurs.

1. Marina S. (16) will mit ihren Freunden zwei Wochen Urlaub in Spanien machen. Die Eltern verbieten das.

2. Harro B. (23) ist ein polizeibekannter Hooligan. Er war schon sechs Monate im Gefängnis, weil er nach einem Fußballspiel einen Polizisten angegriffen hat. Die Polizei verbietet ihm, zu einem Länderspiel Deutschland-England nach London zu fahren.

3. Herr und Frau M. wollen nicht, dass ihr Sohn Markus (10) und ihre Tochter Marina (12) die Schule besuchen. Deshalb holt die Polizei die Kinder zu Hause ab, um sie in die Schule zu bringen.

4. Herr F. (35) hat die Religion gewechselt. Aus diesem Grund will ihm sein Arbeitgeber kündigen.

Vier Grundprinzipien

1 Lesen Sie Artikel 20 des Grundgesetzes und ordnen Sie die Erklärungen zu.

(1) Die Bundesrepublik Deutschland ist ein demokratischer und sozialer Bundesstaat.

(2) Alle Staatsgewalt geht vom Volke aus. Sie wird vom Volke in Wahlen und Abstimmungen und durch besondere Organe der Gesetzgebung, der vollziehenden Gewalt und der Rechtsprechung ausgeübt.

(3) Die Gesetzgebung ist an die verfassungsmäßige Ordnung, die vollziehende Gewalt und die Rechtsprechung sind an Gesetz und Recht gebunden.

(4) Gegen jeden, der es unternimmt, diese Ordnung zu beseitigen, haben alle Deutschen das Recht zum Widerstand, wenn andere Abhilfe nicht möglich ist.

1. Deutschland ist eine Demokratie: *Absatz 1*

2. Deutschland ist ein Rechtsstaat: *Absatz*

3. Man darf die demokratische Grundordnung nicht durch eine andere Staatsform ersetzen: *Absatz*

4. Gesetze dürfen nicht gegen das Grundgesetz verstoßen: *Absatz*

5. Die Regierung und alle staatlichen Institutionen basieren auf der Volkssouveränität: *Absatz*

6. Auch die Polizei und die Justiz müssen sich an die Gesetze halten: *Absatz*

7. In Deutschland gibt es Bundesländer, die eigene Kompetenzen haben: *Absatz*

8. Der Staat muss für soziale Gerechtigkeit sorgen: *Absatz*

9. Wenn die demokratische Ordnung bedroht ist, gibt es ein Widerstandsrecht: *Absatz*

2 Demokratie und Rechtsstaat. Warum passen die folgenden Situationen nicht dazu? Diskutieren Sie im Kurs.

1. Die Regierungspartei hat Angst, dass sie die nächsten Wahlen verliert. Deshalb verbietet sie alle anderen Parteien.

2. Die Regierung ist mit einem Gerichtsurteil nicht einverstanden. Das Gericht soll sein Urteil ändern.

3. Ein Mann wird von der Polizei gesucht, weil er zu einer Terrorgruppe gehört, aber er ist ins Ausland geflohen. Jetzt will die Polizei seine Ehefrau verhaften, weil sie den Mann nicht finden kann.

4. Eine Partei ist gegen die Regierung. Deshalb darf sie nicht an den nächsten Wahlen teilnehmen.

Bund, Länder und Gemeinden

ℹ

Bundesrepublik Deutschland
Staatsform: Republik (Parlamentarische Bundesrepublik)
Größe: 357.026,55 km²
Bevölkerungszahl: ca. 81,7576 Mio. Einwohner (Januar 2010)
Bevölkerungsdichte: 230 Einwohner pro km²

1 **16 Bundesländer bilden den deutschen Bundesstaat. Wie heißen die Länder? Ordnen Sie zu und tragen Sie die Zahlen in die Kästchen ein.**

- ◯ Baden-Württemberg
- ◯ Bayern
- ◯ Berlin
- ◯ Brandenburg
- ◯ Bremen
- ◯ Hamburg
- ◯ Hessen
- ◯ Mecklenburg-Vorpommern
- ◯ Niedersachsen
- ◯ Nordrhein-Westfalen
- ◯ Rheinland-Pfalz
- ◯ Saarland
- ◯ Sachsen
- ◯ Sachsen-Anhalt
- ◯ Schleswig-Holstein
- ◯ Thüringen

Kiel 1 · 3 · 2 Schwerin · 4 · 5 Hannover · 7 Magdeburg · 8 Potsdam · 9 · 6 Düsseldorf · Erfurt · Dresden 10 · 12 11 · Wiesbaden 13 Mainz · 14 Saarbrücken · Stuttgart 16 · 15 München

2 **In welchem Bundesland wohnen Sie? Sammeln Sie Informationen.**

Bundesland:
Hauptstadt:
Einwohner:
Größe: km²
wichtige Städte:
Ministerpräsident/in:
bekannte Unternehmen:
Sehenswürdigkeiten:

3a Wer ist zuständig? Was vermuten Sie? Kreuzen Sie an.

	A Bundesregierung	**B** Landesregierungen
1. Außenpolitik	O	O
2. Bildungspolitik	O	O
3. Kulturpolitik	O	O
4. Verteidigungspolitik	O	O

3b Lesen Sie den Text. Waren Ihre Vermutungen richtig?

Berlin ist die Hauptstadt von Deutschland. Hier haben die Bundesregierung und der Bundestag ihren Sitz. Aber auch jedes Bundesland hat eine Hauptstadt, ein eigenes Parlament und eine Landesregierung mit einem Ministerpräsidenten oder einer Ministerpräsidentin.

Die politische Macht ist geteilt. Bei der Außenpolitik sowie bei den Themen Militär und Verteidigung z. B. entscheidet die Bundesregierung. Auch Änderungen des Grundgesetzes sind Sache des Bundes. Bei Bildung und Kulturpolitik sowie Justiz- und Polizeiwesen entscheiden die Länder oft allein. Bei vielen Bundesgesetzen entscheiden Bund und Länder gemeinsam.

3c Wer entscheidet? Kreuzen Sie an.

	A Bundestag	**B** Landtag
1. Man will einen Artikel im Grundgesetz ändern.	O	O
2. Man will neue Schulen bauen.	O	O
3. Man will mehr Geld für die Verkehrspolizei ausgeben.	O	O
4. Deutsche Soldaten sollen im Auftrag der UN in ein anderes Land geschickt werden.	O	O

4 Lesen Sie den Text und beantworten Sie die Fragen.

Die Kommunen

Die Kommunen, das heißt Städte und Gemeinden, sind in Deutschland die dritte Verwaltungsebene. Sie haben eigene Parlamente, die Gemeinde- oder Stadträte. Der Bürgermeister ist das Oberhaupt der Stadt oder Gemeinde, das heißt der Chef der Kommunalverwaltung. Die Gemeinden haben für die Bürger viele Angebote, z. B. Stadttheater und Volkshochschulen, Schwimmbäder und Sportanlagen oder Stadtbibliotheken. Zu den kommunalen Aufgaben gehören u. a. die Müllentsorgung und der öffentliche Nahverkehr.
Für die Bürger sind die Behörden vor Ort sehr wichtig. Die meisten Behördengänge kann man am Wohnort erledigen, denn auch viele Bundes- und Landesbehörden haben in den Städten eigene Ämter und die kommunalen Behörden arbeiten im Auftrag des Bundes oder der Länder, z. B. wenn man einen Reisepass oder eine Visumsverlängerung braucht.

1. Wie heißen die Parlamente in den Kommunen?
2. Welche Angebote und Aufgaben haben die Kommunen?
3. Warum kann man die meisten Behördengänge am Wohnort erledigen?

Die Verfassungsorgane

Die Aufgaben von einigen staatlichen Institutionen sind im Grundgesetz beschrieben. Man nennt diese Institutionen Verfassungsorgane. Hier lernen Sie fünf Verfassungsorgane kennen:
- *Bundestag*
- *Bundesrat*
- *Bundespräsident*
- *Bundesregierung*
- *Bundesverfassungsgericht.*

1a **Lesen Sie die Texte und ergänzen Sie Informationen in der Tabelle.**

Der Amtssitz des Bundespräsidenten: Das Schloss Bellevue in Berlin

Die Verfassungsrichter verkünden ein Urteil.

Besucher in der Glaskuppel des Bundestages

Die Regierungsbank im deutschen Bundestag

1. Der Bundespräsident hat keine direkte politische Macht, sondern er repräsentiert den Staat. Er ernennt und entlässt den Bundeskanzler und die Bundesminister, unterschreibt die Gesetze und vertritt die Bundesrepublik Deutschland gegenüber anderen Staaten. Der Bundespräsident ernennt auch die Bundesverfassungsrichter, die von Bundesrat und Bundestag gewählt werden. Er wird nicht direkt vom Volk, sondern alle fünf Jahre von der Bundesversammlung gewählt. In der Bundesversammlung sind die Abgeordneten des Bundestages und Vertreter der Länder. Ein Kandidat für das Amt des Bundespräsidenten kann einmal wiedergewählt werden.

2. Das Bundesverfassungsgericht ist das höchste deutsche Gericht. Es hat seinen Sitz in Karlsruhe. Es prüft, ob die Gesetze mit dem Grundgesetz übereinstimmen und ob sich der Staat an das Grundgesetz hält. Bundesländer, Bundesregierung und Parteien, aber auch die Bürger können beim Verfassungsgericht klagen, wenn sie ein Grundrecht verletzt sehen. Wenn das Bundesverfassungsgericht urteilt, dass ein Gesetz gegen das Grundgesetz verstößt, kann es nicht in Kraft treten und muss geändert werden.

3. Der Bundestag wird direkt vom Volk gewählt. Er wählt auf Vorschlag des Bundespräsidenten mit absoluter Mehrheit den Bundeskanzler / die Bundeskanzlerin. Das bedeutet: Mehr als die Hälfte aller Abgeordneten muss für einen Kandidaten stimmen, damit diese Person das Amt bekommt. Außerdem hat der Bundestag noch andere Aufgaben: Er kontrolliert die Regierung, dies ist vor allem die Aufgabe der Opposition, er diskutiert und beschließt die Bundesgesetze und er muss Verträgen mit dem Ausland zustimmen. Ein wichtiges Recht ist das Haushaltsrecht. Der Bundestag muss dem Bundeshaushalt, also dem Finanzplan der Regierung, für ein Jahr zustimmen, sonst kann die Bundesregierung keinen Cent ausgeben.

4. Bundeskanzler und Bundesminister bilden zusammen die Bundesregierung. Der Bundeskanzler / Die Bundeskanzlerin hat in Deutschland die meiste politische Macht und bestimmt die Richtlinien der Politik der Bundesregierung. Wichtige Ministerien sind das Innen- und das Außenministerium, das Verteidigungsministerium, das Finanzministerium und das Arbeitsministerium.

Das Gebäude des Bundesrates in Berlin

5. Im Bundesrat sitzen Vertreter der Landesregierungen. Je nach Größe hat jedes Bundesland drei bis sechs Sitze im Bundesrat. Der Bundesrat vertritt die Interessen der Bundesländer gegenüber dem Bund. Er entscheidet bei vielen Bundesgesetzen mit. Wenn er gegen ein Bundesgesetz ist, bei dem er mitentscheidet (z. B. neue Regeln für die Krankenversicherung), kann das Gesetz nicht in Kraft treten. Bundesrat und Bundestag müssen dann gemeinsam eine neue Lösung suchen. Oft ändert sich nach einer Wahl in einem Bundesland die Mehrheit im Bundesrat. Es ist möglich, dass die Parteien, die im Bundestag die Mehrheit haben, im Bundesrat in der Minderheit sind. Dann wird das Regieren für die Bundesregierung schwieriger.

Bundespräsident	Bundesverfassungsgericht	Bundestag	Bundesregierung	Bundesrat

1b Lesen Sie die Texte noch einmal und beschreiben Sie die Grafik.

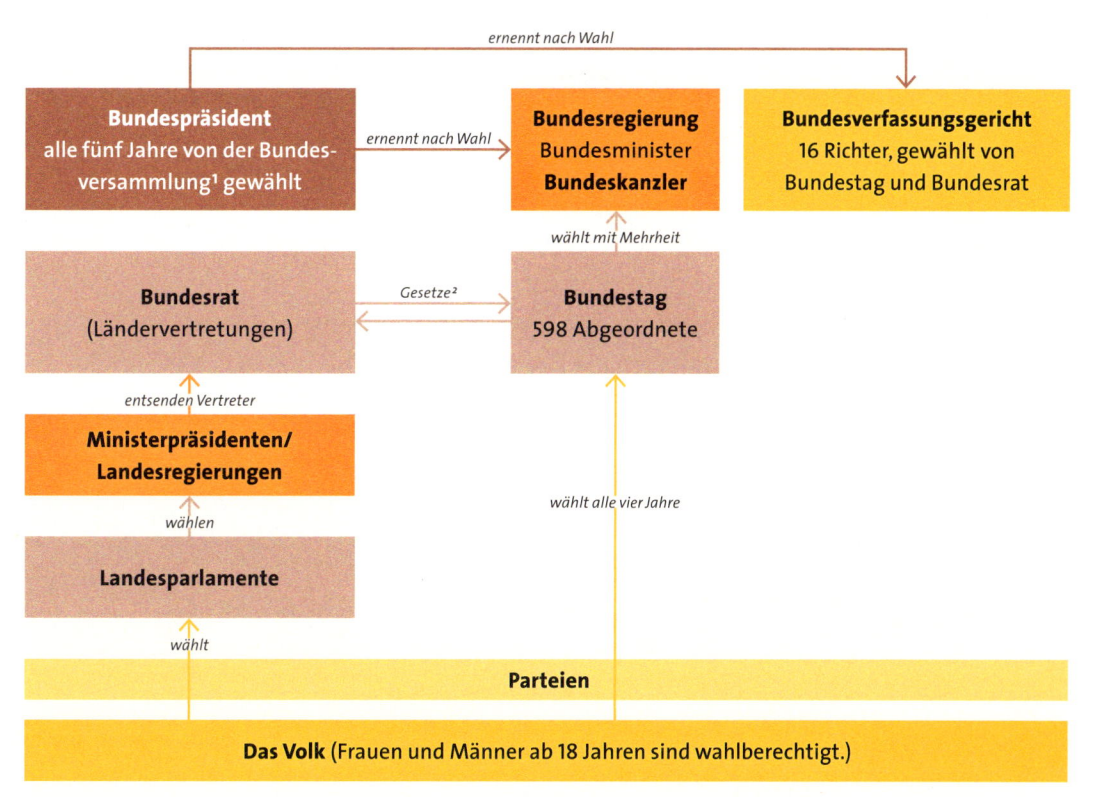

1 = Die Bundesversammlung setzt sich aus Vertretern der Landesparlamente und den Bundestagsabgeordneten zusammen.

2 = Gesetze werden vom Bundestag beschlossen und brauchen in der Regel die Zustimmung des Bundesrates. Der Bundespräsident verkündet die Gesetze.

> *Das Volk wählt die Parlamente.*

> *Der Bundestag wählt den Bundeskanzler oder die Bundeskanzlerin.*

> *Der Bundespräsident …*

2 **Die Gewaltenteilung. Lesen Sie die Erklärungen und ergänzen Sie.**

> ausführende Gewalt – rechtsprechende Gewalt – gesetzgebende Gewalt

1. Legislative (= _____): Die Parlamente und der Bundesrat beschließen Gesetze.

2. Exekutive (= _____): Die Bundesregierung und die Landesregierungen sowie die Verwaltung (Bundes- und Landesbehörden) setzen die Gesetze in die Praxis um.

3. Judikative (= _____): Die Gerichte kontrollieren, dass sich alle an die Gesetze halten.

Legislative	Exekutive	Judikative
Bundestag Bundesrat	Bundesregierung Bundesverwaltung	Bundesverfassungsgericht Bundesgerichtshof Bundesarbeitsgericht Bundesverwaltungsgericht Bundessozialgericht Bundesfinanzhof
Parlamente der Länder	Landesregierungen Landesverwaltungen	Landesverfassungsgerichte alle weiteren Gerichte, z. B.: Oberlandesgerichte Landgerichte Amtsgerichte

3 **Welche Erklärungen passen? Kreuzen Sie an.**

Gewaltenteilung bedeutet, dass …
1. in Deutschland die Macht geteilt ist. ○
2. die staatlichen Institutionen voneinander unabhängig sind. ○
3. das Bundesverfassungsgericht gegen die Gesetze ist. ○
4. sich die staatlichen Institutionen gegenseitig kontrollieren. ○
5. die Bundestagsabgeordneten die Regierung immer kritisieren. ○

4 **Lesen Sie die Überschriften. Was meinen Sie: Welchen Einfluss haben die Massenmedien auf die Politik und die Menschen in Deutschland?**

Umfragen zeigen:
Regierungsparteien gewinnen die nächsten Wahlen

SKANDAL:
Minister kassiert 100.000 Euro von Privatfirma

Elterninitiativen fordern:
Mehr Geld für Kindergärten und Schulen

 Jede Regierung braucht eine Mehrheit im Parlament. Deshalb ist die Trennung zwischen der Exekutive und der Legislative nicht ganz so stark wie zwischen der Exekutive und der Judikative. Wichtig ist vor allem, dass die Gerichte unabhängig sind und die Regierung keine Gerichtsurteile beeinflussen kann. Die Massenmedien (Zeitungen, Fernsehen etc.) heißen wegen ihres großen Einflusses oft auch die vierte Gewalt.

Unsere Pflichten

1a Betrachten Sie die Fotos und lesen Sie die Texte.

1. <u>Steuerpflicht:</u> Wenn man arbeitet und Geld verdient, muss man Steuern bezahlen. Mit den Steuereinnahmen finanziert der Staat seine Aufgaben, z. B. den Bau von Straßen und Schulen oder er unterstützt Universitäten, Kultur und Museen.

2. <u>Schulpflicht:</u> Kinder müssen ab dem sechsten Lebensjahr in die Schule gehen. Schulpflicht bedeutet, dass die Kinder während des Unterrichts in der Schule sein müssen (Anwesenheitspflicht). Die Eltern bzw. die Erziehungsberechtigten sind dafür verantwortlich.

3. <u>Fürsorgepflicht:</u> Die Eltern müssen sich um ihre Kinder kümmern. Es ist ihre Aufgabe, die Kinder zu erziehen. Im Grundgesetz heißt es, dass die staatliche Gemeinschaft über die Kindererziehung wacht.

4. <u>Ausweispflicht:</u> Ab dem 16. Lebensjahr muss man einen Ausweis haben.

5. <u>Meldepflicht:</u> Wenn man den Wohnort wechselt, muss man das den Behörden melden.

6. <u>Respektierung der Gesetze:</u> Alle Menschen, die in Deutschland leben, müssen das Grundgesetz akzeptieren und die Gesetze einhalten.

1b Um welche Pflichten geht es hier? Ergänzen Sie die Sätze mit den Stichwörtern 1–6 aus Aufgabe 1a.

1. _Schulpflicht_ : Herr und Frau Odenthal haben einen sechsjährigen Sohn. Sie müssen ihn in der Grundschule anmelden.

2. _____ : Maria Sobottka ist von Krefeld nach Köln umgezogen. Sie muss sich in Krefeld abmelden und beim Einwohnermeldeamt in Köln anmelden.

3. _____ : Andreas Kerner hat im letzten Jahr 29.000 Euro verdient. Er muss beim Finanzamt seine Steuererklärung abgeben.

4. _____ : Die Eltern haben sich nicht um Florian (vier Jahre) gekümmert. Deshalb hat das Jugendamt das Kind aus der Familie genommen und eine Pflegefamilie gefunden.

5. _____ : Danail Akuzov ist in Bulgarien geboren. Er lebt seit acht Jahren in Deutschland und hat die deutsche Staatsbürgerschaft beantragt. Er muss sich zum Grundgesetz bekennen und die demokratischen Prinzipien in Deutschland akzeptieren.

Staatssymbole

1 Betrachten Sie die Fotos und ordnen Sie zu.

A

B

C

D

E

1. Berlin ist die deutsche Hauptstadt. Das Brandenburger Tor steht im Stadtzentrum und gilt als Symbol der deutschen Teilung und Einheit.
2. Der Text der deutschen Nationalhymne wurde 1841 von August Heinrich Hoffmann von Fallersleben geschrieben. Sie beginnt mit den Worten: „Einigkeit und Recht und Freiheit." Die Melodie hat Joseph Haydn 1797 komponiert.
3. Die Flagge der Bundesrepublik hat die Farben Schwarz-Rot-Gold. Die Farben sind seit dem 19. Jahrhundert ein Symbol für die deutsche Einheit.
4. Das offizielle Staatswappen der Bundesrepublik Deutschland ist der Adler. Auch er hat die Farben Schwarz-Rot-Gold. Der Adler befindet sich außerdem auf der Bundesdienstflagge, die u. a. am Eingang von Bundesämtern und Bundesbehörden hängt.
5. Am 3. Oktober 1990 wurden Westdeutschland (Bundesrepublik Deutschland) und Ostdeutschland (DDR) wieder ein Staat. Seitdem ist dieses Datum der Nationalfeiertag.

2 Welches Wappen hat das Bundesland, in dem Sie wohnen?

3 Wann ist der Nationalfeiertag in Ihrem Heimatland? Was machen die Leute an diesem Tag?

Die Parteien

1a Was wissen Sie über diese Parteien? Sammeln Sie Informationen im Kurs.

1b Lesen Sie die Texte und ergänzen Sie die Informationen in der Tabelle.

> Die Sozialdemokratische Partei Deutschlands (SPD) ist die älteste Partei in Deutschland und wurde 1875 gegründet. Ihre Wurzeln hat sie in der Arbeiterbewegung. Auch heute sind die Rechte von Arbeitnehmern und soziale Gerechtigkeit wichtige Themen der SPD. Wichtig ist für die Partei außerdem, dass alle Menschen gleiche Chancen haben, zum Beispiel in der Ausbildung und im Beruf.

> Die Christlich-Demokratische Union (CDU) und die Christlich-Soziale Union (CSU) sind nach dem Zweiten Weltkrieg entstanden. Die Parteien vertreten konservative Werte und verstehen sich als Parteien für protestantische und katholische Christen. Auch für die CDU/CSU ist soziale Gerechtigkeit wichtig. Die CSU gibt es nur in Bayern, aber im Bundestag arbeiten CDU und CSU zusammen und bilden eine Fraktion.

> Die Freie Demokratische Partei (FDP) nennt sich auch „Die Liberalen". Sie entstand 1948. Für die FDP sind Bürgerrechte sehr wichtig. Der Staat soll weniger kontrollieren und reglementieren, die Bürger sollen möglichst viel Freiheit und eigene Verantwortung haben. Wichtig ist für die FDP eine liberale Wirtschaftspolitik für die Unternehmen.

> Die Partei Die Grünen entstand 1980 in Westdeutschland aus Bürgerinitiativen für mehr Umweltschutz. 1990 schloss sie sich mit der Bürgerrechtsbewegung Bündnis 90 aus Ostdeutschland zusammen. Die Partei setzt sich stark für erneuerbare Energien ein, z. B. für mehr Energie aus Wind und Sonne, und für mehr Verbraucherschutz. Sie ist gegen Atomenergie. Außerdem setzt sie sich für mehr Rechte von Minderheiten ein.

> Die Linke entstand 2007 aus der Linkspartei PDS (Partei des demokratischen Sozialismus) und der WSAG (Arbeit & soziale Gerechtigkeit – Die Wahlalternative). Die PDS ist aus der SED, der Staatspartei in der früheren DDR entstanden, die WSAG wurde von früheren SPD-Mitgliedern und Gewerkschaftern gegründet.
> Die Linke ist für einen demokratischen Sozialismus. Unter anderem ist sie für mehr soziale Sicherheit für Menschen ohne Arbeit oder mit niedrigem Einkommen.

SPD	CDU/CSU	FDP/Die Liberalen	Bündnis 90/Die Grünen	Die Linke
gegründet 1875	gegründet	gegründet	gegründet	gegründet
	konservative Werte			

Wahlen in Deutschland

1   Lesen Sie den Text und beantworten Sie die Fragen.

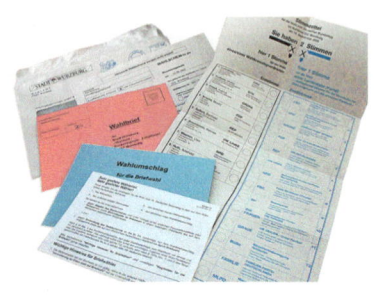

Der Bundestag wird alle vier Jahre gewählt. Das aktive Wahlrecht, also die Wahlberechtigung, haben alle deutschen Staatsbürger ab 18 Jahren. Vor der Wahl bekommt man eine Wahlbenachrichtigung. Am Wahltag geht man ins Wahllokal in seinem Wohnort. Jeder Wähler hat zwei Stimmen: Mit der ersten Stimme wählt man einen Bundestagskandidaten, also eine Person, mit der zweiten eine Partei. Damit ist das Wahlrecht ein Mehrheits- und Verhältniswahlrecht. Die Zweitstimme ist maßgebend dafür, wie stark eine Partei im Bundestag ist. Eine Partei muss mindestens 5 % der Zweitstimmen bekommen, damit sie in den Bundestag kommen kann. Diese Regel nennt man die 5 %-Hürde.

Die Bundestagswahlen und die anderen Wahlen in Deutschland haben zwei wichtige Funktionen: Sie können zeigen, dass die Mehrheit der Wähler mit der Regierung zufrieden ist. Es ist aber auch möglich, dass es nach einer Wahl einen Regierungswechsel gibt.

1. Wie oft gibt es Bundestagswahlen?
2. Wer darf wählen?
3. Wo sind die Wahllokale?
4. Was ist die 5 %-Hürde?
5. Welche Funktionen haben Wahlen?

2a   Die Wahlrechtsgrundsätze. Lesen Sie den Auszug aus Artikel 38 des Grundgesetzes und ordnen Sie die Erklärungen zu.

> Die Abgeordneten des Deutschen Bundestages werden in allgemeiner, unmittelbarer, freier, gleicher und geheimer Wahl gewählt.

> unmittelbar – gleich – geheim – frei – allgemein

Man muss niemandem sagen, welche Partei man wählt. Die Wahlen sind _____.
Alle Wähler und Wählerinnen haben den gleichen Einfluss auf das Wahlergebnis. Die Wahlen sind _____.
Jede Person, die wählen darf, kann an der Wahl teilnehmen. Die Wahlen sind _____.
Die Abgeordneten bzw. Parteien werden von den Wählern und Wählerinnen direkt gewählt. Die Wahlen sind _____.
Die Wähler und Wählerinnen entscheiden allein, wen sie wählen und ob sie wählen wollen. Man hat das Recht zu wählen, aber es ist nicht Pflicht. Die Wahlen sind _____.

2b   Betrachten Sie die Bilder. Gegen welche Wahlrechtsgrundsätze wird hier verstoßen?

Das Ergebnis der Bundestagswahl vom 27. September 2009 und die Sitzverteilung im Bundestag. Wie groß sind die Fraktionen? Ordnen Sie zu.

146 – 93 – 68 – 239 – 76

33,8 % CDU/CSU	
22,9 % SPD	
14,6 % FDP	
11,9 % DIE LINKE	
10,7 % BÜNDNIS 90/GRÜNE	
6 % ANDERE	

1. FDP _____ SITZE
2. CDU/CSU _____ SITZE
3. BÜNDNIS 90/DIE GRÜNEN _____ SITZE
4. SPD _____ SITZE
5. DIE LINKE _____ SITZE
   GESAMT 622 SITZE

i

Nach der Bundestagswahl vom 27. 9. 2009 haben die CDU/CSU und die FDP eine Koalition für die Regierungsarbeit gebildet. Am 28. 10. 2009 wurde Angela Merkel (CDU) mit 323 Stimmen wieder zur Bundeskanzlerin gewählt.

4 **Wahlen in Ländern und Kommunen. Lesen Sie die Texte und ordnen Sie zu.**

Landtagswahlen

Die Landesparlamente werden alle vier bis fünf Jahre gewählt. Sie wählen den Ministerpräsidenten oder auch die ganze Landesregierung. Wie im Bundestag gibt es in den Landesparlamenten eine Regierung und eine Opposition. Auch bei Landtagswahlen gilt in der Regel die 5 %-Hürde. Wahlberechtigt sind wie bei den Bundestagswahlen alle deutschen Staatsbürger ab 18 Jahren, die in dem Bundesland leben.

Kommunalwahlen

Die Stadt- oder Gemeinderäte werden je nach Bundesland alle fünf bis sechs Jahre gewählt. Die Bürgermeister werden in den meisten Bundesländern von den Einwohnern der Stadt oder der Gemeinde direkt gewählt. Bei diesen Wahlen sind auch EU-Bürger wahlberechtigt und in einigen Bundesländern darf man schon ab 16 Jahren wählen.

	A Landtagswahlen	**B** Kommunalwahlen
1. Auch EU-Bürger dürfen wählen.	☐	☐
2. 5 %-Hürde	☐	☐
3. Die Bürgermeister werden direkt gewählt.	☐	☐
4. Wahlen alle 5–6 Jahre	☐	☐
5. Wahlen alle 4–5 Jahre	☐	☐

Soziale Sicherheit

1a Sehen Sie sich die Bilder an. Warum brauchen diese Menschen Unterstützung?

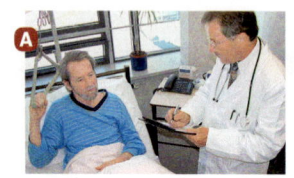   

1b Ordnen Sie die Stichworte den Fotos zu.

1. ◯ Pflegeversicherung
2. ◯ Arbeitslosengeld
3. ◯ Rentenversicherung
4. ◯ Krankenversicherung

2 Lesen Sie den Text und beantworten Sie die Fragen.

Kranken- und Pflegeversicherung sowie Arbeitslosen- und Rentenversicherung nennt man die Sozialversicherungen. Sie basieren auf dem Solidarprinzip. Das heißt zum Beispiel für die Krankenversicherung: Menschen, die arbeiten und für sich selbst sorgen können, unterstützen diejenigen, die krank sind.

Wenn man eine feste Arbeit hat, muss man für die Sozialversicherung Beiträge bezahlen. Man nennt sie Sozialabgaben. Bei der Krankenversicherung zahlen die Arbeitnehmer etwas mehr als die Hälfte, bei den anderen Versicherungen bezahlen Arbeitgeber und Arbeitnehmer je 50 %. Außerdem gibt es noch die Unfallversicherung. Diese Versicherung hilft, wenn man auf dem Weg zur Arbeit oder bei der Arbeit einen Unfall hatte. Für die Unfallversicherung bezahlen nur die Arbeitgeber Beiträge.

Wie viel man für die Sozialversicherung bezahlt, hängt vom Verdienst ab. Arbeitnehmer mit niedrigem Einkommen bezahlen also weniger als Arbeitnehmer mit hohem Einkommen. Bei der Krankenversicherung bekommen alle Versicherten die gleichen Leistungen. Kinder und Ehepartner, die nicht arbeiten, sind automatisch mitversichert.

1. Was bedeutet Solidarprinzip?
2. Was sind Sozialabgaben?
3. Wer bezahlt die Beiträge für die Kranken- und die Pflegeversicherung sowie für die Arbeitslosen- und Rentenversicherung?
4. In welcher Versicherung sind auch Ehepartner und Kinder versichert?

3 Weitere Hilfen. Lesen Sie die Sätze und ergänzen Sie.

> Arbeitslosengeld II – Kindergeld – Elterngeld – ~~Sozialhilfe~~ – Wohngeld

1. Wenn man wenig verdient, aber eine hohe Miete hat, kann man _____ bekommen.
2. _____ ist für Menschen, die arbeiten können, aber keine Arbeit haben oder für Personen, die zu wenig verdienen, um von ihrem Lohn oder Gehalt zu leben.
3. Für Kinder bekommt man vom Staat _____ .
4. Personen ohne eigenes Einkommen, die nicht arbeiten können, erhalten *Sozialhilfe* .
5. _____ bekommt man, wenn ein Elternteil nicht arbeitet, um die Kinder zu betreuen. Man kann es maximal 12 bis 14 Monate bekommen.

4 **Soziale Sicherheit und Pflichten. Lesen Sie die Texte und kreuzen Sie an. Was ist richtig?**

Esther Will

Im letzten Monat war ich eine Woche krank und bin im Bett geblieben. Ich war auch beim Arzt. Er hat mich krankgeschrieben. Die Krankschreibung brauchte ich für meinen Arbeitgeber und die Krankenkasse.

Yvonne Schlüter

Letzte Woche habe ich Kindergeld für unser Baby beantragt. Deshalb bin ich zur Familienkasse gegangen. Obwohl ich mit dem Baby gekommen bin, wollte die Sachbearbeiterin auch die Geburtsurkunde für das Baby sehen.

Tobias Fischer

Vor einer Woche hat mir meine Firma gekündigt. Ich bin noch sechs Wochen in der Firma, aber dann bin ich arbeitslos. Ich habe mich schon jetzt bei der Bundesagentur für Arbeit gemeldet, sonst bekomme ich später weniger Arbeitslosengeld.

Anke Geers

Ich habe Wohngeld beantragt, weil ich jetzt weniger verdiene. Deshalb bin ich zum Wohnungsamt gegangen. Für den Antrag brauchte ich den Mietvertrag und eine Gehaltsabrechnung und ich musste viele Formulare ausfüllen. Ich hatte auch Fotos von der Wohnung mitgenommen, aber die waren für den Antrag nicht wichtig.

Andreas Wieland

Ich bin schon länger arbeitslos und habe jetzt Arbeitslosengeld II beantragt. Die Behörden wollten alles wissen: Wie viel Geld ich auf dem Konto habe, ob ich ein Auto oder eine Lebensversicherung habe und viele andere Sachen. Außerdem muss ich immer bereit sein, eine Arbeit anzunehmen.

1. Frau Will ist länger als drei Tage krank und
   A braucht eine Krankschreibung für den Arbeitgeber. ☐
   B muss im Bett bleiben. ☐
2. Frau Schlüter beantragt Kindergeld und
   A muss das Kind zur Familienkasse mitnehmen. ☐
   B muss die Geburtsurkunde für das Kind zeigen. ☐
3. Herr Fischer will bei der Bundesagentur für Arbeit
   Arbeitslosengeld beantragen. Er muss
   A sich schon früh bei der Bundesagentur melden. ☐
   B mindestens sechs Wochen arbeitslos sein. ☐
4. Frau Geers hat Wohngeld beantragt und muss
   A den Sachbearbeitern vom Wohnungsamt Fotos von der Wohnung zeigen. ☐
   B auch den Mietvertrag und eine Verdienstbescheinigung abgeben. ☐
5. Herr Wieland hat Arbeitslosengeld II beantragt und
   A muss der Behörde Auskunft geben, wie hoch das eigene Vermögen ist. ☐
   B darf nicht arbeiten. ☐

ℹ

In den letzten Jahrzehnten wurden in Deutschland nur wenige Kinder geboren, gleichzeitig steigt die Lebenserwartung. Für die Sozialversicherungen bedeutet das: Weniger Menschen arbeiten, mehr Menschen bekommen Rente, die Kosten für Krankheit und Pflege steigen. Die Leistungen der Sozialversicherung sinken. So steigt zum Beispiel das Rentenalter in den nächsten Jahren von 65 auf 67 Jahre an.

Außerdem sichert das Sozialversicherungssystem nicht alle Risiken des Lebens ab. Deshalb ist auch private Vorsorge wichtig, zum Beispiel durch freiwillige Versicherungen.

5   Soziale Sicherheit und private Vorsorge. Ordnen Sie die Sätze den Fotos zu.

A    **B**

C    **D**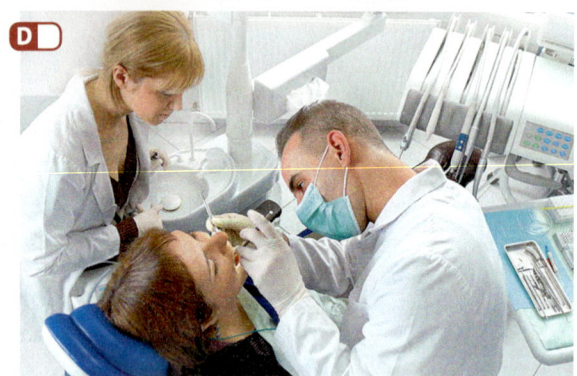

1. Die Krankenversicherung bezahlt nicht alles. Vor allem Zahnbehandlungen können sehr teuer sein. Dafür gibt es Zusatzversicherungen.

2. Die Rentenversicherung ist keine Garantie, dass Arbeitnehmer keine Geldsorgen haben, wenn sie nicht mehr arbeiten. Deshalb haben viele Leute weitere freiwillige Versicherungen oder Sparpläne für das Alter, die vom Staat gefördert werden.

3. Familien haben oft eine Risiko-Lebensversicherung. Dann ist das Risiko für finanzielle Probleme geringer, wenn ein Ehepartner stirbt.

4. So etwas passiert oft: Die Kinder spielen auf dem Hof Fußball, der Ball fliegt in das Fenster eines Nachbarn. Dann kann eine Haftpflichtversicherung helfen. Das heißt, die Eltern bezahlen den Schaden nicht selbst, sondern die Versicherung macht das.

6   Soziale Sicherheit in Ihrem Heimatland. Berichten Sie im Kurs.

−   Wie wichtig sind Versicherungen?   −   Wer hilft bei Problemen?
−   Welche Versicherungen gibt es?   −   Welche Rolle spielt die Familie?

Bei uns gibt es auch Krankenversicherungen, aber sie sind sehr teuer.

Meine Eltern sind alt und können nicht mehr arbeiten. Ich schicke ihnen jeden Monat Geld.

Nur wenige Menschen haben eine Versicherung.

Am Wohnort

Bundesagentur für Arbeit

Berufsinformationszentrum

Einwohnermeldeamt

Suchtberatung

Ordnungsamt

Jugendamt

Standesamt

1 **Wohin müssen die Leute gehen? Ergänzen Sie die Sätze mit den Begriffen von oben.**

1. Frau Seeman macht sich Sorgen, weil ihr Mann sehr viel Alkohol trinkt. Sie geht zur _____.
2. Leonie (13 Jahre) geht seit einigen Wochen nicht mehr in die Schule. Ihre Eltern suchen beim _____ Hilfe.
3. Herr Popescu möchte eine Gaststätte eröffnen. Er geht zum _____ seiner Gemeinde, weil er eine Gaststättenerlaubnis braucht.
4. Familie Lauterbach ist umgezogen. Frau Lauterbach geht zum _____, um die Familie unter der neuen Adresse anzumelden.
5. Sybille (16 Jahre) ist bald mit der Schule fertig. Sie geht zum _____ (BIZ) bei der Bundesagentur für Arbeit. Dort findet sie Hilfe bei der Lehrstellensuche.
6. Marius Plank hat einige Jahre im Ausland gearbeitet. Seit einer Woche ist er wieder in Deutschland. Er hat einen Termin bei der _____, denn er will schnell eine Arbeit finden.
7. Susanne und Felix wollen heiraten. Sie haben einen Termin beim _____, weil sie wissen möchten, welche Unterlagen sie für die Heirat brauchen.

2 **Projekt: Welche Angebote hat Ihr Wohn- oder Kursort für die Bürger? Sammeln Sie im Kurs.**

Öffentlichkeit in der Demokratie

1a Worüber sprechen die Personen? Ordnen Sie die Aussagen den Abbildungen zu.

Leserbriefe

A

Ein Haus für Kunst und Konferenzen
Artikel von Sabrina Gellert im Tagesspiegel, 3. 1. 2011

Es ist schön für Frau Gellert, dass sie in dem neuen Kongresszentrum unserer Stadt nur Vorteile sieht. Sie berichtet voller Begeisterung über die Eröffnung und die Möglichkeiten, die sich ihrer Meinung nach nun bieten, aber sie vergisst, dass nicht alle Bürger dieser Stadt mit dem Kongresszentrum einverstanden sind. Sie erwähnt nicht die Kritik, die viele an der Architektur geübt haben, und leider steht in ihrem Artikel auch nichts über die hohen Baukosten, die wir Bürger mit höheren Eintrittsgeldern für Schwimmbäder, einer Gebühr für die Stadtbibliothek und höheren Kindergartengebühren bezahlen müssen.

Es scheint, dass der Oberbürgermeister und die Stadtratsmehrheit die Bürger, von denen sie gewählt wurden, vollkommen vergessen haben, als sie dieses Bauwerk geplant haben.

Hanjo Arge, Unterode

B

C

D

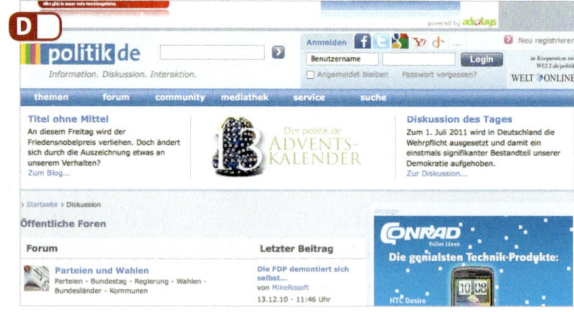

1. Es ist wichtig, dass es unabhängige Organisationen wie Amnesty International und Greenpeace gibt. Amnesty International engagiert sich für die Menschenrechte in der ganzen Welt, Greenpeace weist auf Umweltprobleme hin. So werden oft Ereignisse öffentlich, über die man sonst nichts oder nur wenig erfährt.

2. Ich finde die Nachrichtensendungen im Fernsehen und Radio sehr wichtig. Dort bekomme ich nicht nur Informationen über aktuelle Ereignisse, sondern auch Hintergrundinformationen. So kann ich vieles besser verstehen und mir selbst ein Urteil bilden.

3. Ich lese regelmäßig die Tageszeitung. Neben aktuellen Berichten gibt es auch Kommentare und längere Reportagen. Ich finde es gut, dass der Staat auf die Zeitungen keinen Einfluss hat. So gibt es viele verschiedene Meinungen. Manchmal schreibe ich auch einen Leserbrief, um meine eigene Meinung zu einem Thema zu sagen.

4. Im Internet gibt es viele Informationsmöglichkeiten. Ich finde es sehr gut, dass man bei Internetzeitungen Kommentare zu Artikeln schreiben und dass man in Internetforen diskutieren und Meinungen und Erfahrungen austauschen kann.

1b Lesen Sie die Texte noch einmal. Wo steht was?

1. ◯ Man kann Leserbriefe an Tageszeitungen schreiben.

2. ◯ In den Medien gibt es auch Hintergrundinformationen.

3. ◯ Das Internet bietet Möglichkeiten für Diskussionen.

4. ◯ Es ist wichtig, dass es Organisationen gibt, die Probleme öffentlich machen.

2 Warum ist eine kritische Öffentlichkeit für eine Demokratie wichtig? Diskutieren Sie im Kurs.

> *Man muss die Möglichkeit haben, sich eine eigene Meinung zu bilden.*

> *Es ist wichtig, dass die Bürger am öffentlichen Leben teilnehmen.*

Interessensverbände

1a Lesen Sie die Texte und ordnen Sie zu.

1. Wir engagieren uns für den Schutz der Mieter und bezahlbare Mieten. Eine andere wichtige Aufgabe ist die Information der Öffentlichkeit über Miet- und Wohnungsrecht. Bei Fragen zum Mietvertrag, zur Miete oder den Nebenkosten und bei Problemen mit dem Vermieter bieten wir Beratung und Hilfe an.

2. Wir vertreten die Interessen der Verbraucher gegenüber Politik, Wirtschaft und Öffentlichkeit. Wir sind die Stimme der Verbraucher.
   – Wir tragen die Anliegen der Verbraucher in die Öffentlichkeit und fordern die Politik auf, einen fairen und transparenten Markt zu schaffen.
   – Wir weisen auf Missstände hin und setzen Verbraucherrechte notfalls vor Gericht durch.
   – Wir schaffen die Grundlagen für eine seriöse und unabhängige Verbraucherberatung.

3. Wir vertreten die Interessen der Arbeitnehmer gegenüber den Unternehmen. Wir verhandeln mit den Arbeitgebern über Tarifverträge, also über Lohn und Gehalt, Arbeitszeiten und Urlaub. Wir engagieren uns für eine gerechte Gesellschaft in der Arbeits- und Lebenswelt. Wir unterstützen Beschäftigte bei Problemen im Betrieb und bei Arbeitskämpfen organisieren wir Streiks und zahlen Streikgeld an unsere Mitglieder.

1b Lesen Sie die Texte noch einmal und machen Sie Notizen. Welche Gruppen vertreten die Verbände, was machen Sie?

Gewerkschaften	Mieterbund	Verbraucherzentralen
vertreten Arbeitnehmer	*vertritt*	*vertreten*
Tarifverhandlungen,		

2 Hatten Sie selbst schon einmal Kontakt zu einem der Verbände?

> *Ich war einmal beim Mieterbund, weil ich die Abrechnung für die Nebenkosten nicht verstanden habe.*

> *Ich bin Mitglied der IG Metall, denn ich habe früher in einer Elektrofabrik gearbeitet.*

3 Wie wichtig sind die Interessensverbände für die Gesellschaft? Diskutieren Sie im Kurs.

Engagement am Wohnort

1 Lesen Sie die Texte und ergänzen Sie die Lücken.

> ehrenamtliches Engagement – Mitbestimmung vor Ort

1. Für _____ gibt es viele Möglichkeiten. In Schulen suchen die Eltern in Elternbeiräten mit Lehrern z. B. nach Lösungen für aktuelle Probleme. In den Kommunen beraten Ausländerbeiräte die Stadtverwaltung in Fragen, die für Migranten wichtig sind. In Bürgerinitiativen versammeln sich oft Bürger eines Ortes, um ein bestimmtes Ziel zu erreichen. Es gibt Bürgerinitiativen für z. B. mehr Kinderspielplätze, für die Erhaltung von Naturschutzgebieten oder gegen den Bau von Straßen oder Industriegebieten.

2. _____ bietet die Möglichkeit, anderen Menschen zu helfen. Beispiele sind Konfliktlotsen, die bei Streit in der Nachbarschaft vermitteln oder freiwillige Mitarbeiter in Hilfsorganisationen. Die Hausaufgabenhilfe für Schüler übernehmen oft ältere Erwachsene, zum Beispiel Rentner.

2 Wo können sich die Personen engagieren? Ordnen Sie zu.

1. Natalia Grossu kommt aus Rumänien. Sie lebt seit drei Jahren in München. Sie möchte, dass die Stadtverwaltung mehr Verständnis für die Probleme von Zuwanderern hat.
2. Die Tochter von Amelie und Matthias John geht in die erste Grundschulklasse. Die Eltern haben viel Interesse an der Arbeit in der Schule.
3. In Amelstadt will man ein Industriegebiet neben einem Naturschutzgebiet bauen. Stefan Zwing ist wie viele seiner Mitbürger dagegen.
4. Beate Terbig möchte Menschen in Not helfen.

3 Aus einer Broschüre zur Wahl des MigrantInnen-Beirats der Stadt Freiburg im Breisgau. Welche Programmpunkte finden Sie wichtig?

> ## Internationale Liste
>
> *Wir stehen für:*
> - Kommunalwahlrecht für alle MigrantInnen
> - Einsatz für ein tolerantes Miteinander der verschiedenen MigrantInnengruppen
> - Abbau von Vorurteilen, gegenseitige Akzeptanz zwischen Einheimischen und MigrantInnen
> - Integration ohne Assimilation
> - Bessere Lebensbedingungen für Flüchtlinge
> - Gleichberechtigte Vermittlungschancen am Arbeitsmarkt

4 Welche Möglichkeiten für Mitbestimmung und ehrenamtliches Engagement gibt es in Ihrem Wohn- oder Kursort? Sammeln Sie im Kurs.

Die deutsche Verfassung heißt **Grundgesetz.**

Es beschreibt unter anderem
- die Grundrechte,
- die Staatsprinzipien,
- die Organisation des deutschen Staates. Dazu gehören zum Beispiel:
  - die Aufgaben der Verfassungsorgane,
  - die Aufgaben und Kompetenzen der Länder,
  - das Wahlrecht.

Wichtige **Grundrechte**:
- Gleichberechtigung von Männern und Frauen
- Glaubens- und Gewissensfreiheit
- Meinungsfreiheit
- Gleichheit vor dem Gesetz
- Schutz der Familie
- Freiheit der Wahl des Wohn- und Aufenthaltsortes
- Asylrecht

Die Verfassungsorgane

Der Bundestag:	Er wählt den Bundeskanzler / die Bundeskanzlerin. Er verabschiedet die Gesetze. Er kontrolliert die Regierung.
Die Bundesregierung:	Zu ihr gehören der Bundeskanzler / die Bundeskanzlerin und die Bundesminister. Die Bundesregierung regiert das Land.
Der Bundesrat:	Die Landesregierungen schicken drei bis sechs Vertreter in den Bundesrat (sehr kleine Länder wie z. B. Bremen drei, sehr große Länder wie z. B. Bayern sechs). Der Bundesrat vertritt die Interessen der Länder und entscheidet über die Bundesgesetze mit.
Das Bundesverfassungsgericht:	Es prüft, ob die Gesetze mit dem Grundgesetz übereinstimmen und ob sich der Staat an das Grundgesetz hält.
Der Bundespräsident:	Er ist das deutsche Staatsoberhaupt. Er repräsentiert den Staat nach außen, unterschreibt die Gesetze und ernennt und entlässt den Bundeskanzler / die Bundeskanzlerin und die Bundesminister.

Das Bundesverfassungsgericht hat seinen Sitz in Karlsruhe. Alle anderen Verfassungsorgane haben ihren Sitz in Berlin.

Wahlen für die deutschen Parlamente

Bundestagswahlen:	alle vier Jahre Wahlberechtigt sind alle deutschen Staatsbürger ab 18 Jahren.
Landtagswahlen:	je nach Bundesland alle vier bis fünf Jahre
Kommunalwahlen:	je nach Bundesland alle vier bis sechs Jahre Wahl von Gemeinderäten In den meisten Bundesländern werden die Bürgermeister direkt von den Einwohnern des Ortes gewählt. In einigen Bundesländern ist man schon ab 16 Jahren wahlberechtigt. Bei den Kommunalwahlen sind auch Bürger aus den anderen EU-Staaten wahlberechtigt.

Die Sozialversicherungen für Arbeitnehmer

Krankenversicherung (die Arbeitnehmer zahlen etwas mehr als die Arbeitgeber)
Pflegeversicherung (Arbeitnehmer und Arbeitgeber zahlen je 50 %)
Rentenversicherung (Arbeitnehmer und Arbeitgeber zahlen je 50 %)
Arbeitslosenversicherung (Arbeitnehmer und Arbeitgeber zahlen je 50 %)
Unfallversicherung (nur die Arbeitgeber bezahlen)

Modul 1: Abschlussquiz

Kreuzen Sie an.

1 Deutschland hat ... Bundesländer.
A ○ 16 B ○ 12 C ○ 11 D ○ 9

2 Was haben die Bundesländer nicht?
A ○ eigene Parlamente
B ○ eigenes Militär
C ○ eigene Polizei
D ○ eigene Hauptstädte

3 Wenn Eltern Probleme mit der Kindererziehung haben, bekommen sie Hilfe beim ...
A ○ Jugendamt.
B ○ Ordnungsamt.
C ○ Standesamt.
D ○ Finanzamt.

4 Das Bundesverfassungsgericht hat seinen Sitz in ...
A ○ Berlin.
B ○ Frankfurt.
C ○ Bonn.
D ○ Karlsruhe.

5 Der Bundeskanzler wird ... gewählt.
A ○ von der Bundesversammlung
B ○ vom Volk
C ○ vom Bundestag
D ○ vom Bundesrat

6 Im Bundesrat sitzen ...
A ○ einige Abgeordnete des Bundestages.
B ○ einige Abgeordnete aus den Länderparlamenten.
C ○ Vertreter der Bundesregierung.
D ○ Vertreter der Landesregierungen.

7 Das deutsche Wappentier ist ein ...
A ○ Löwe.
B ○ Bär.
C ○ Adler.
D ○ Pferd.

8 Die CSU gibt es nur in ...
A ○ Baden-Württemberg.
B ○ Bayern.
C ○ Schleswig-Holstein.
D ○ Brandenburg.

9   Wenn man eine feste Arbeitsstelle hat, muss man ... bezahlen.

A ◯ Kindergeld

B ◯ Sozialhilfe

C ◯ Sozialabgaben

D ◯ Elterngeld

10   Die Arbeitslosenversicherung wird ... bezahlt.

A ◯ nur von den Arbeitgebern

B ◯ nur von den Arbeitnehmern

C ◯ von Arbeitgebern und Arbeitnehmern gemeinsam

D ◯ vom Staat

11   In den Parlamenten arbeiten die Abgeordneten einer Partei in ... zusammen.

A ◯ einer Fraktion

B ◯ einer Koalition

C ◯ einer Organisation

D ◯ einer Bürgerinitiative

12   Stadträte oder Gemeinderäte ...

A ◯ gibt es nur in großen Städten.

B ◯ können auch Bürger aus anderen EU-Staaten wählen.

C ◯ dürfen nur Deutsche wählen.

D ◯ dürfen alle Bürger wählen, die in der Stadt oder der Gemeinde wohnen.

13   Ehrenamtliches Engagement bedeutet, dass ...

A ◯ man Geld für seine Arbeit bekommt.

B ◯ die Schulen den Kindern bei den Hausaufgaben helfen.

C ◯ man freiwillig anderen Menschen hilft, ohne Geld dafür zu bekommen.

D ◯ man anderen Menschen Geld gibt.

14   Der jetzige Bundeskanzler / die jetzige Bundeskanzlerin heißt:

15   Der jetzige Bundespräsident / die jetzige Bundespräsidentin heißt:

16   Die Hauptstadt des Bundeslandes, in dem ich wohne, heißt:

Geschichte und Verantwortung

Gestern und heute

1   Veränderungen. Beschreiben Sie die Bilder.

Der Potsdamer Platz in Berlin im Jahr 1930

Der Potsdamer Platz im Jahr 1975

Der Potsdamer Platz heute

2a   Woran denken Sie bei dem Wort Geschichte? Kreuzen Sie an und diskutieren Sie im Kurs.

1. ○ Geschichte war ein Schulfach. Wir haben viele Zahlen gelernt.
2. ○ Bei Geschichte denke ich immer an Könige, Kriege und Eroberungen.
3. ○ Geschichte – das sind Geschichten: die Geschichte meiner Familie, meiner Stadt, meines Landes ...

2b   Welchen Aussagen stimmen Sie zu? Kreuzen Sie an.

1. ○ Man kann aus der Geschichte lernen.
2. ○ Die Geschichte kann helfen, die Gegenwart zu verstehen.
3. ○ Nur die Gegenwart und die Zukunft sind wichtig.

3   Was haben Sie in der Schule über die Geschichte Ihres Landes gelernt? Was wissen Sie außerdem über die Zeit des Nationalsozialismus?

Der Nationalsozialismus und seine Folgen

1 Ordnen Sie die Sätze den Fotos zu.

A
B
C
D

E
F
G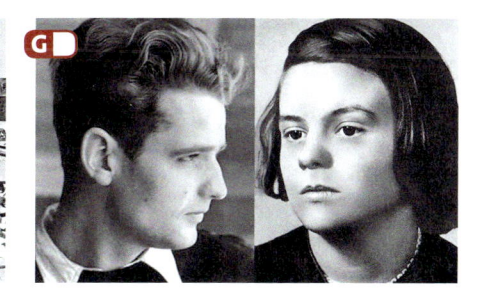

1. 1933: Adolf Hitler wird Reichskanzler. Alle Parteien werden verboten, nur noch die NSDAP ist erlaubt, es gibt keine freien Wahlen mehr, Deutschland wird Diktatur.
2. 1938: Reichspogromnacht am 9. November. Die Nationalsozialisten zerstören jüdische Synagogen und Geschäfte.
3. 1939: Mit dem Überfall auf Polen beginnt der Zweite Weltkrieg.
4. Der Holocaust. Die Nationalsozialisten verfolgen und vernichten Juden in Konzentrationslagern wie z. B. Auschwitz. Opfer des staatlichen Rassismus in der NS-Zeit werden u. a. auch Sinti und Roma.
5. Widerstand im Dritten Reich. Die Studentengruppe Weiße Rose um die Geschwister Scholl verteilt an der Münchener Universität Flugblätter gegen die Nationalsozialisten.
6. Am 20. Juli 1944 scheitert ein Attentat auf Hitler durch Claus Schenk Graf von Stauffenberg.
7. 1945: Der Zweite Weltkrieg endet mit der bedingungslosen Kapitulation Deutschlands am 8. Mai. Damit endet auch die Herrschaft der Nationalsozialisten in Deutschland.

2 Ergänzen Sie die Lücken.

> Diktatur – Widerstand – Holocaust – NSDAP – Rassismus – Auschwitz

1. Damit meint man, dass nur eine Partei oder eine Person herrscht: _____ .
2. Diese Partei ist die einzige Partei, die in Deutschland von 1933 bis 1945 erlaubt war: _____ .
3. Damit meint man die Verfolgung und Ermordung der Juden in den Konzentrationslagern: _____ .
4. Dieses Konzentrationslager war das größte und bekannteste: _____ .
5. Hass gegenüber Minderheiten nennt man auch: _____ .
6. Damit meint man einzelne Personen oder Gruppen, die gegen Hitler gekämpft haben: _____ .

3a Lesen Sie die Texte. Welche Überschrift passt zu welchem Abschnitt?

> Hitlers Weg zur Macht – Der deutsche Widerstand –
> Rassenpolitik und Judenverfolgung – Der Zweite Weltkrieg

1.

Nach dem Ende des Ersten Weltkriegs (1914 bis 1918) wurde Deutschland parlamentarische Demokratie. Den Ersten Weltkrieg hatte Deutschland verloren und viele Deutsche haben den neuen Staat und die Demokratie – die Weimarer Republik – abgelehnt. 1929 begann die Weltwirtschaftskrise, Millionen Deutsche wurden arbeitslos. Das machte es Hitler und der NSDAP leicht, bei Wahlen erfolgreich zu sein. Hitler versprach unter anderem, Deutschland nach dem verlorenen Ersten Weltkrieg wieder stark zu machen und die Arbeitslosigkeit zu beseitigen. Am 30. Januar 1933 wurde er Reichskanzler. Schnell verbot die NSDAP alle anderen Parteien und verfolgte ihre politischen Gegner. Sie kontrollierte die Zeitungen, verbot die Gewerkschaften und alle wichtigen Stellen in den Behörden, den Schulen etc. übernahmen Mitglieder der NSDAP.

2.

Der Antisemitismus gehörte von Anfang an zum Kern der nationalsozialistischen Ideologie. Schon bald nach der Machtübernahme organisierte die SA, eine Organisation in der NSDAP, einen Boykott jüdischer Geschäfte. Mit den Nürnberger Rassegesetzen von 1935 wurde genau festgelegt, wer ein Jude ist und keine politischen Rechte mehr hat. Ehen zwischen Juden und Nicht-Juden wurden verboten. In der Reichspogromnacht vom 9./10. November 1938 wurden jüdische Wohnungen, Geschäfte und Synagogen zerstört. Juden wurden ermordet und verhaftet. Der Holocaust begann 1941 in den Konzentrationslagern. Neben den Juden wurden auch andere Gruppen Opfer der nationalsozialistische Ideologie (Homosexuelle, Sinti und Roma, Zeugen Jehovas). Schon vor diesen Verbrechen hatten die Nationalsozialisten 1939 angefangen, psychisch Kranke und Behinderte systematisch zu ermorden.

3.

Der Krieg begann am 1. September 1939 mit dem Überfall auf Polen. Schnell hatten die deutschen Truppen zahlreiche Länder in Europa besetzt. Der Versuch, die Sowjetunion zu erobern (ab Juni 1941), war aber zu viel. Die Sowjetunion leitete eine Gegenoffensive ein. Ab 1941 kämpften auch die USA gegen Deutschland. Am 6. Juni 1944 landeten britische und amerikanische Truppen in der Normandie (D-Day). Sie rückten von Westen nach Deutschland vor, von Osten kamen die sowjetischen Truppen. Am 30. April 1945 beging Hitler Selbstmord, Deutschland erklärte wenige Tage später die bedingungslose Kapitulation.

4.

In den ersten Jahren kämpften vor allem Kommunisten aber u. a. auch Kirchenvertreter und Militäroffiziere gegen die Nationalsozialisten. Am 20. Juli 1944 scheiterte das Attentat von Stauffenberg auf Hitler. Die Münchner Widerstandsgruppe Weiße Rose um die Geschwister Hans und Sophie Scholl verteilte 1942/43 Flugblätter gegen die Nationalsozialisten. Im Winter 1943 wurden sie verhaftet und hingerichtet.

3b Lesen Sie die Texte noch einmal und kreuzen Sie an: richtig oder falsch?

	R	F
1. Adolf Hitler wurde 1929 Reichskanzler.	O	O
2. Die NSDAP hat sehr schnell alle wichtigen Institutionen in Deutschland kontrolliert.	O	O
3. Der Antisemitismus begann 1935.	O	O
4. Außer den Juden wurden auch andere Gruppen Opfer der NS-Ideologie.	O	O
5. Im Zweiten Weltkrieg hat Deutschland zuerst die Sowjetunion überfallen.	O	O
6. Die Gruppe Weiße Rose hat gegen die Nationalsozialisten gekämpft.	O	O

4a Lesen Sie die Texte und ergänzen Sie die Wörter.

> Holocaust-Mahnmal – Stolperstein – Gedenktag

1. Das ist ein _____. Man findet sie in vielen Städten und Gemeinden vor Häusern oder Orten, in denen Juden gelebt haben, die während des Nationalsozialismus ermordet, deportiert oder vertrieben wurden.

2. Das _____ steht im Zentrum von Berlin. Es erinnert an die ca. sechs Millionen ermordeten Juden.

3. Die Gedenkfeier am 27. Januar: Dieser Tag ist in Deutschland ein _____, an dem man an die Opfer des Nationalsozialismus erinnert.

4b Welche Erinnerungen an den Nationalsozialismus gibt es in Ihrem Wohnort?

5 Was sagen diese Personen über die NS-Zeit? Warum darf man die Zeit des Nationalsozialismus nicht vergessen? Warum ist Wissen über diese Zeit wichtig?

Markus Roth, 21
Ich finde es gut, dass man in Deutschland überall an die Nazi-Zeit erinnert. Wir dürfen diese Zeit nicht vergessen. Damals sind so schreckliche Dinge passiert.

Carla Petersmeyer, 37
Ich habe einmal das Konzentrationslager Auschwitz besucht. Das war furchtbar. Ich denke, dass wir Deutschen heute besonders aufmerksam sein müssen, wenn Neonazis wieder aktiv werden.

Die Jahre 1945 – 1949

1 Ordnen Sie die Sätze zu.

1. Das war die Bilanz des Zweiten Weltkriegs: Millionen Menschen waren gestorben, große Teile Europas waren zerstört, Millionen Menschen mussten ihre Heimat verlassen.
2. 1945 – 1949: Deutschland ist in vier Besatzungszonen, Berlin in vier Sektoren geteilt.
3. Juni 1948 bis Mai 1949: Die Sowjetunion blockiert alle Landwege nach West-Berlin. Die Westalliierten richten eine Luftbrücke ein.

2 Lesen Sie den Text und beantworten Sie die Fragen.

Von 1945 bis 1949 ist Deutschland in vier Besatzungszonen eingeteilt, in denen die Alliierten Frankreich, Großbritannien, die Sowjetunion und die USA regieren. Berlin wird in vier Sektoren geteilt. Ab Herbst 1945 erlauben die Alliierten wieder politische Parteien. Im Juni 1948 gibt es in den Westzonen eine Währungsreform, die D-Mark wird eingeführt. In Nürnberg finden unter Beteiligung aller Alliierten vom 20. 11. 1945 bis 30. 9. 1946 die Nürnberger Prozesse gegen die überlebenden Führer der NS-Zeit statt. Da viele Männer gefallen oder in Kriegsgefangenschaft sind, räumen die Frauen die zerstörten Städte auf. Man nennt diese Frauen Trümmerfrauen. Die Sowjetunion und die USA werden immer mehr zu Gegnern. Der Kalte Krieg beginnt. Als die Sowjetunion alle Zufahrtswege nach West-Berlin blockiert, errichten die Westalliierten eine Luftbrücke, d. h. West-Berlin wird mit Flugzeugen versorgt, die in Westdeutschland starten. Der Kalte Krieg bedeutet auch, dass sich die drei westlichen Besatzungszonen und die Sowjetische Besatzungszone verschieden entwickeln.

1. Wie hießen die Alliierten?
2. Ab wann waren in Deutschland wieder politische Parteien erlaubt?
3. Welche Währung wurde 1948 in den Westzonen eingeführt?
4. Wer war in den Nürnberger Prozessen angeklagt?
5. Was haben die Trümmerfrauen gemacht?
6. Was war die Luftbrücke?

Die Jahre der Teilung: 1949–1989

1 Ordnen Sie die Sätze den Bildern zu.

1. Am 23. 5. 1949 wird die Bundesrepublik Deutschland gegründet, am 7. 10. 1949 die Deutsche Demokratische Republik (DDR).
2. In den fünfziger Jahren wächst die Wirtschaft in der Bundesrepublik stark. Man nennt diese Zeit das Wirtschaftswunder. Grundlage ist die Soziale Marktwirtschaft, in der der Staat für sozialen Ausgleich sorgt.
3. 1949–1963: Konrad Adenauer ist der erste deutsche Bundeskanzler.
4. 17. Juni 1953: Volksaufstand in der DDR
5. 13. August 1961: Die Berliner Mauer wird gebaut.
6. Im Dezember 1970 fällt der deutsche Bundeskanzler Willy Brandt vor dem Denkmal im Warschauer Ghetto auf die Knie. Damit bittet er die Polen und die polnischen Juden um Vergebung für die Verbrechen der Nationalsozialisten.

2a Lesen Sie die Texte. Welche Informationen aus Aufgabe 1 finden Sie wieder? Unterstreichen Sie wie in den Beispielen.

Aufbau in West-Berlin mit Hilfe des Marshallplans

Das Jahr 1949

Am 23. 5. 1949 wird die Bundesrepublik Deutschland gegründet, das Grundgesetz tritt in Kraft. Hauptstadt wird Bonn, die Bundesrepublik orientiert sich an den USA und Westeuropa. Die wichtigsten Parteien werden die SPD, die CDU/CSU und die FDP. Der erste Bundeskanzler ist Konrad Adenauer (CDU). Er regiert bis 1963. Wichtige Ziele seiner Politik sind Freundschaft mit Frankreich sowie mit den USA. Mit dem Marshallplan unterstützen die USA seit 1948 die wirtschaftliche Entwicklung in Deutschland und Europa.

Die Deutsche Demokratische Republik (DDR) entsteht am 7. 10. 1949 als sozialistischer Staat, der sich an der Sowjetunion orientiert. Führende Partei wird die SED (Sozialistische Einheitspartei Deutschlands). Hauptstadt wird Ost-Berlin. Der Staat kontrolliert die Wirtschaft. Die DDR erhält keine wirtschaftliche Hilfe, sodass sie von Anfang an schlechtere Chancen hat.

Der einmillionste so genannte Gastarbeiter

Die fünfziger Jahre

Am 17. Juni 1953 gehen in der DDR Arbeiter auf die Straße. Sie protestieren gegen die Regierung und fordern u. a. freie Wahlen. Das sowjetische Militär stoppt den Aufstand mit Panzern. Bis zur Wiedervereinigung ist der 17. Juni in der Bundesrepublik Deutschland der Nationalfeiertag.

1955 werden die beiden deutschen Staaten Mitglieder der Militärbündnisse: Die Bundesrepublik Deutschland tritt am 9. Mai in die NATO ein, die DDR fünf Tage später in den Warschauer Pakt.

Die Wirtschaft wächst immer schneller und in der Bundesrepublik Deutschland fehlen Arbeitskräfte. Es ist die Zeit des Wirtschaftswunders, der Lebensstandard steigt. Ab 1955 kommen Arbeitskräfte aus anderen Ländern, die so genannten Gastarbeiter. 1957 wird die Europäische Wirtschaftsgemeinschaft (EWG) von sechs Staaten gegründet, die Bundesrepublik Deutschland ist eines der Gründungsmitglieder. Grundlage sind die Römischen Verträge, die auch heute noch gültig sind.

Studentendemonstrationen

Die sechziger Jahre

Nachdem viele Menschen in den Westen geflohen sind, baut die DDR am 13. 8. 1961 die Berliner Mauer. Damit gibt es für mehrere Jahre kaum noch Kontakte zwischen West- und Ostdeutschen. Die DDR-Bürger dürfen nicht in den Westen reisen, an der innerdeutschen Grenze sterben in den folgenden Jahren einige hundert DDR-Bürger beim Versuch zu fliehen.

Die sechziger Jahre sind in der Bundesrepublik Deutschland und in West-Berlin das Jahrzehnt der Studentenbewegung. Die Studenten protestieren u. a. gegen den Vietnam-Krieg und fordern gesellschaftliche Reformen. Höhepunkt ist das Jahr 1968.

Gründungsparteitag der Grünen

Die siebziger Jahre

1969 wird die SPD zum ersten Mal führende Regierungspartei. Willy Brandt (Bundeskanzler 1969–1974) beginnt eine Ostpolitik, durch die auch die Bundesrepublik Deutschland und die DDR wieder miteinander sprechen. Auch mit anderen Staaten des Warschauer Paktes, u. a. Polen, gibt es Gespräche. Berühmt geworden ist der Kniefall von Willy Brandt vor dem Denkmal im Warschauer Ghetto. Damit bat er die Polen bzw. die polnischen Juden im Namen aller Deutschen um Vergebung für die Verbrechen der Nationalsozialisten. Die DDR und die Bundesrepublik Deutschland unterschreiben einen Vertrag und nehmen diplomatische Beziehungen auf. 1974 wird Helmut Schmidt (SPD) Nachfolger von Willy Brandt. Die Studentenbewegung beeinflusst die weitere Entwicklung stark: Die Frauenbewegung und die Diskussionen um Gleichberechtigung werden stärker, die Umweltbewegung protestiert gegen Atomkraftwerke. 1980 entsteht die Partei Die Grünen. Außerdem erlebt die Bundesrepublik in den siebziger Jahren eine Reihe Anschläge durch linke Terroristen. Höhepunkt ist das Jahr 1977.

Flucht von DDR-Bürgern in den Westen

Die achtziger Jahre

Am Anfang der achtziger Jahre gibt es sowohl in der DDR als auch der Bundesrepublik Deutschland eine große Friedensbewegung. Auf beiden Seiten protestieren die Menschen gegen die Aufrüstung. In der DDR bietet nur die Kirche die Möglichkeit für freie und offene Diskussionen.

In den achtziger Jahren kommt die DDR in eine Krise. Viele Menschen wollen das Land verlassen und beantragen die Ausreise in die Bundesrepublik Deutschland. Im Mai 1989 öffnet Ungarn die Grenzen nach Österreich. Viele DDR-Bürger, die im Sommer 1989 in Ungarn Urlaub machen, nutzen die Gelegenheit zur Flucht.

2b **Verbinden Sie die Sätze.**

Die führende Partei der DDR	**1**	**A**	eine Friedensbewegung.
1949 wurde Bonn	**2**	**B**	ab 1955 nach Deutschland.
Die ersten Gastarbeiter kamen	**3**	**C**	war die SED.
Nach dem Mauerbau	**4**	**D**	Ostpolitik begonnen.
Willy Brandt hat die	**5**	**E**	der Bundesrepublik Deutschland die Frauen- und die Umweltbewegung stärker.
In den siebziger Jahren werden in	**6**	**F**	die Hauptstadt der Bundesrepublik Deutschland.
Anfang der achtziger Jahre gab es in beiden Teilen Deutschlands	**7**	**G**	gab es lange keinen Kontakt zwischen den Menschen in beiden Teilen Deutschlands.

3 **Was wissen Sie über die Geschichte Ihres Heimatlandes aus dieser Zeit?**

Deutschland seit 1989

1 Ordnen Sie die Sätze den Fotos zu.

1. Mehrere tausend DDR-Bürger besetzen im August 1989 die Botschaft der Bundesrepublik Deutschland in Prag. Die DDR-Regierung soll ihnen die Ausreise erlauben.
2. Montagsdemonstration in Leipzig gegen die DDR-Regierung
3. 9. 11. 1989: Die Mauer ist gefallen, die Grenzen zwischen der DDR und der Bundesrepublik Deutschland sind offen. Das Ende der SED-Herrschaft und die Entwicklung zur Demokratie in der DDR im Herbst 1989 nennt man auch die Wende.
4. Akten in der Stasi-Unterlagen-Behörde. Sie enthalten Informationen über die Überwachung von DDR-Bürgern und über Personen, die für die Stasi (Ministerium für Staatssicherheit der DDR) gearbeitet haben.
5. Helmut Kohl war der erste Kanzler für Gesamtdeutschland. Er regierte von 1982 – 1998.
6. 3. Oktober 1990: Die fünf östlichen Bundesländer treten der Bundesrepublik bei. Tag der Wiedervereinigung. Zwei Monate später findet die erste gesamtdeutsche Bundestagswahl statt.

Seit dem Sommer 1989 versuchen immer mehr DDR-Bürger, die DDR zu verlassen. Sie flüchten über die österreichisch-ungarische Grenze und besetzen westdeutsche Botschaften, z. B. in der tschechischen Hauptstadt Prag. In Leipzig finden die Montagsdemonstrationen statt, an denen viele tausend Menschen teilnehmen.

Die DDR-Regierung verliert die Kontrolle. Am 18.10.1989 tritt der Staats- und Parteivorsitzende Erich Honecker zurück, am 9.11. fällt die Mauer, im Dezember 1989 tritt die gesamte SED-Führung zurück.

Im März 1990 gibt es in der DDR Parlamentswahlen. Die DDR bekommt die erste demokratisch gewählte Regierung. Es beginnen Gespräche über die Wiedervereinigung zwischen den beiden deutschen Regierungen sowie den Alliierten aus dem Zweiten Weltkrieg. Auch sie müssen zustimmen. Wichtig war besonders, dass Michail Gorbatschow in der Sowjetunion Reformen eingeleitet und eine neue Außenpolitik begonnen hat.

Am 1.7.1990 wird auch in der DDR die D-Mark eingeführt (Währungsunion) und am 3. Oktober 1990 ist die Wiedervereinigung. Der 3. Oktober ist jetzt als Tag der deutschen Einheit National-feiertag. Am 2. Dezember 1990 finden die ersten gesamtdeutschen Bundestagswahlen statt. Helmut Kohl wird der erste Bundeskanzler für Gesamtdeutschland. Er war von 1982 bis 1998 Bundeskanzler.

Nach der Wiedervereinigung sind die Unterschiede zwischen West- und Ostdeutschland immer noch groß. In Ostdeutschland haben viele Menschen ihre Arbeit verloren, die Ostdeutschen haben im Durchschnitt weniger Geld als die Westdeutschen. Viele Ostdeutsche sind nach der Wiedervereinigung in den Westen gekommen, wo sie leichter Arbeit finden konnten.

Die Aktivitäten des Ministeriums für Staatssicherheit in der DDR (Stasi) sorgen auch heute noch für Diskussionen. Die Stasi hatte mit vielen tausend Mitarbeitern ein umfassendes Überwachungsnetz und es kam vor, dass so genannte inoffizielle Mitarbeiter Freunde, ja sogar die eigene Familie ausspioniert haben. Heute gibt es in Berlin eine Behörde (Stasi-Unterlagen-Behörde), in der die Stasi-Akten aufbewahrt werden. Die Bürger haben das Recht, Akten einzusehen, die die Stasi über sie angelegt hat.

1. Wie sind die DDR-Flüchtlinge im Sommer 1989 in die Bundesrepublik Deutschland gekommen?
2. Wann ist die SED-Führung zurückgetreten?
3. Wer musste der Wiedervereinigung zustimmen?
4. Wann waren die ersten Bundestagswahlen nach der Wiedervereinigung?
5. Was war die Stasi?

1. Ich bin jetzt 50 Jahre alt und in Westdeutschland aufgewachsen. Ich wohne in Baden-Württemberg. Hier arbeiten viele Leute aus den neuen Bundesländern. Ich fühle immer eine gewisse Distanz, wenn mir jemand erzählt, dass er oder sie aus dem Osten kommt.
2. Ich komme aus Sachsen und lebe jetzt in Schleswig-Holstein. Die Wiedervereinigung war gut, aber sie ging einfach zu schnell. Ich erlebe in Schleswig-Holstein oft, dass die Menschen nur wenig über das Leben in der DDR wissen.
3. Sicherlich gehören wir zusammen, aber in den Köpfen gibt es immer noch Ost und West. Manchmal denke ich, man sollte nicht alles schlecht machen, was aus der DDR kommt. Ich glaube, dadurch fühlen sich viele Ostdeutsche als Bürger zweiter Klasse.

4 Vergleichen Sie die Zahlen und lesen Sie die Zeitungsüberschrift. Was erfahren Sie über die Unterschiede zwischen den alten und den neuen Bundesländern?

Einwohnerentwicklung in der Bundesrepublik Deutschland und in einigen Bundesländern 1990 bis 2006.

	1990	2006	Veränderung	Arbeitslosigkeit Mai 2009
Bundesrepublik Deutschland	79.753.227	82.314.906	+ 3,2 %	8,2 %
neue Bundesländer				
Brandenburg	2.578.312	2.547.772	– 1,18 %	12,6 %
Mecklenburg-Vorpommern	1.923.959	1.693.754	– 11,97 %	13,6 %
Sachsen	4.764.301	4.249.774	– 10,8 %	13,3 %
Sachsen-Anhalt	2.873.957	2.441.787	– 15,04 %	14,0 %
Thüringen	2.611.319	2.311.140	– 11,5 %	11,8 %
einige alte Bundesländer				
Baden-Württemberg	9.822.027	10.738.753	+ 9,33 %	4,7 %
Bayern	11.448.823	12.492.658	+ 9,12 %	5,1 %
Hessen	5.763.310	6.075.359	+ 5,41 %	7,0 %
Nordrhein-Westfalen	17.349.651	18.028.745	+ 3,91 %	9,0 %
Saarland	1.072.963	1.043.167	– 2,78 %	7,8 %

Ostdeutschland

Löhne nach wie vor geringer

Die Verdienste im Osten liegen auch 17 Jahre nach der Wiedervereinigung noch immer um gut ein Viertel unter denen im Westen.

5 Lesen Sie den Text und beantworten Sie die Fragen.

Wichtige Ereignisse bis 2010

1998 verliert die Koalitionsregierung von CDU/CSU und FDP unter Helmut Kohl die Bundestagswahlen. Deutschland bekommt eine Koalition von SPD und Grünen, neuer Bundeskanzler wird Gerhard Schröder (SPD). 1999 ziehen der Bundestag und die Bundesregierung von Bonn nach Berlin um.

Wegen ihrer Reform der Sozialversicherung (Einführung von Arbeitslosengeld II etc.) bekommt die rot-grüne Regierung viel Kritik. Bei den Bundestagswahlen 2005 verliert sie ihre Mehrheit. CDU/CSU und SPD bilden eine Koalition. Angela Merkel (CDU) wird die neue Bundeskanzlerin. Bei den Bundestagswahlen 2009 verliert die SPD stark, die FDP gewinnt viele Stimmen. CDU/CSU und FDP bilden eine Koalitionsregierung, Angela Merkel bleibt Bundeskanzlerin.

Im Mai 2010 tritt der amtierende Bundespräsident Horst Köhler (CDU) zurück. Nachfolger wird Christian Wulff (CDU).

1. Wer wird Nachfolger von Helmut Kohl?

2. Seit wann ist Angela Merkel Bundeskanzlerin?

3. Zu welcher Partei gehört der amtierende Bundespräsident?

Deutschland in Europa

1　Die Europäische Integration. Lesen Sie den Text und ordnen Sie zu.

Viele Jahrhunderte gab es in Europa Kriege. Der Zweite Weltkrieg hatte gezeigt, dass man in Europa ein System für Frieden und Sicherheit schaffen musste. Es sollte keine Kriege mehr geben. So begann in den fünfziger Jahren des letzten Jahrhunderts die europäische Integration. 1957 gründeten Belgien, die Bundesrepublik Deutschland, Frankreich, Italien, Luxemburg und die Niederlande die EWG (Europäische Wirtschaftsgemeinschaft), die heute Europäische Union (EU) heißt. Immer mehr Staaten schlossen sich in der EU zusammen. Heute hat sie 27 Mitgliedsstaaten.

EU ist eine Abkürzung und bedeutet	**1** ○	○ **A**	27 Mitgliedsstaaten.
Heute hat die EU	**2** ○	○ **B**	Frieden und Sicherheit geben.
Europäische Integration bedeutet,	**3** ○	○ **C**	Europäische Union.
Nach dem Zweiten Weltkrieg sollte es in Europa	**4** ○	○ **D**	dass sich die europäischen Staaten zusammenschließen.

2　Welches Bild passt zu welcher Aussage? Ordnen Sie zu.

Die Flagge der Europäischen Union

Das Europäische Parlament in Straßburg

Die Europäische Zentralbank in Frankfurt

Die Europäische Kommission in Brüssel

Der Europäische Rat

1.　Sie verwaltet den Euro. 2002 hat er in Deutschland die Deutsche Mark ersetzt. Seit 2002 haben 16 Länder den Euro eingeführt.

2.　Sie hat 27 Mitglieder (ein Mitglied pro Land). Sie ist politisch unabhängig und vertritt die Interessen der gesamten EU.

3.　Es wird alle fünf Jahre von den Bevölkerungen der Mitgliedsstaaten gewählt. Neben Straßburg sind Luxemburg und Brüssel weitere Arbeitsorte des Parlaments.

4.　Hier tagen die Staats- und Regierungschefs der EU. Sie kommen mindestens zweimal jährlich zusammen und geben die Leitlinien für die europäische Politik vor.

5.　Der Kreis der zwölf goldenen Sterne erinnert an die Monate des Jahres und symbolisiert die Einheit der Völker Europas.

3 Betrachten Sie die Karte. Welche Länder kennen Sie? Was ist in den Ländern, die Sie kennen, ganz anders als in Deutschland? Was ist ähnlich?

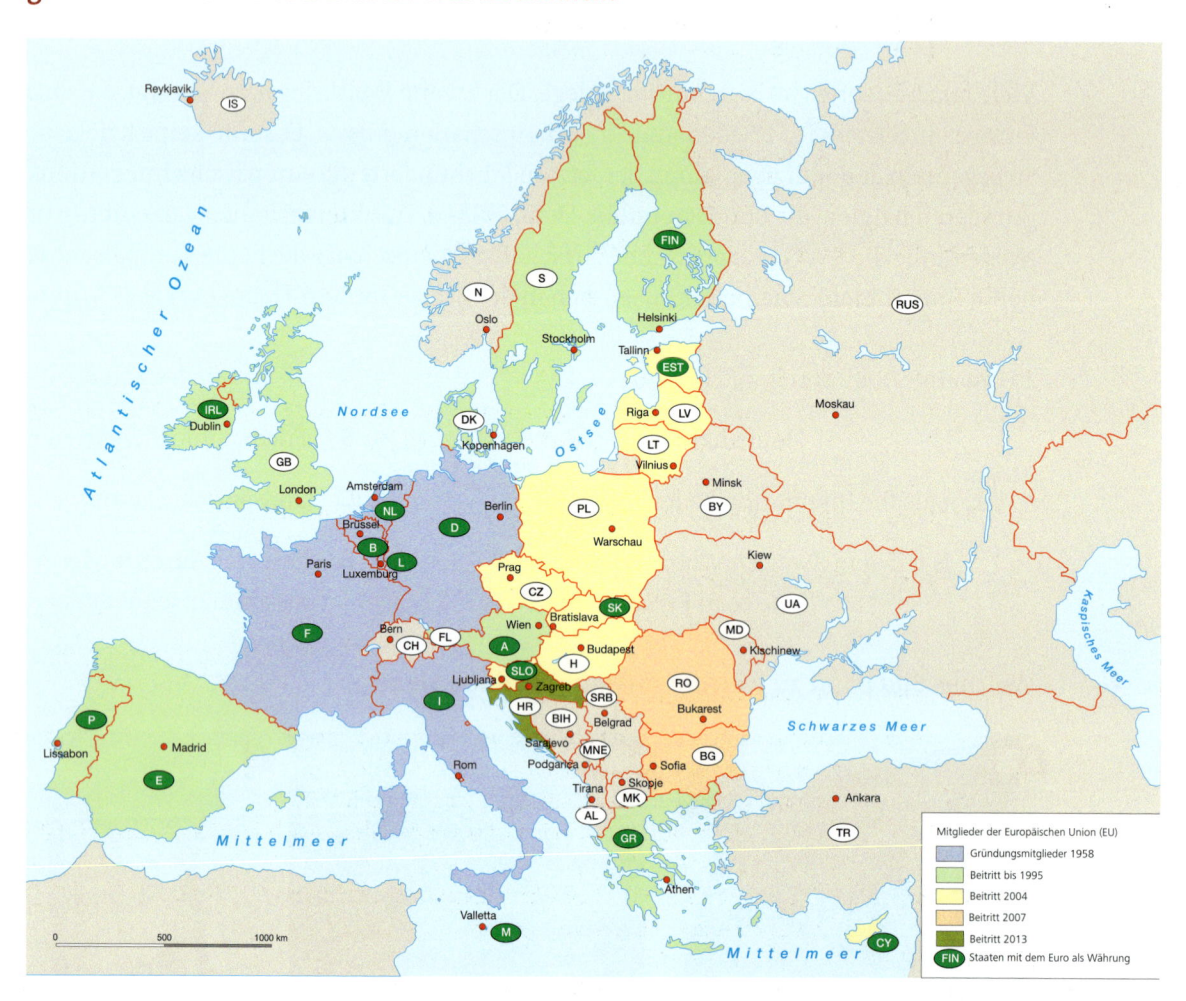

---

i

Chronologie

1957: Römische Verträge. Europäische Wirtschaftsgemeinschaft: Belgien, die Bundesrepublik Deutschland, Frankreich, Italien, Luxemburg, Niederlande.

1968: Zollunion. Gemeinsame Außenzölle.

1973: Dänemark, Großbritannien und Irland treten bei.

1979: Erste Direktwahl des Europäischen Parlaments.

1981: Griechenland tritt bei.

1986: Spanien und Portugal treten bei.

1991: Vertrag von Maastricht. Beschlüsse über gemeinsame Währungs-, Außen- und Sicherheitspolitik.

1993: Binnenmarkt. Freier Personenverkehr, keine Grenzen mehr für Menschen, Waren, Dienstleistungen und Kapital in der EU.

1995: Finnland, Österreich und Schweden treten bei. Schengen-Abkommen. Abschaffung gegenseitiger Grenz- und Passkontrollen.

2002: Zwölf EU-Staaten führen den Euro ein. Bis 2009 gehören zur Eurozone 16 Staaten.

2004: Zehn neue Mitglieder: Estland, Lettland, Litauen, Malta, Polen, Slowakei, Slowenien, Tschechien, Ungarn und Zypern.

2007: Bulgarien und Rumänien werden Mitglied. Die EU-Staaten unterschreiben den Vertrag von Lissabon. Er soll u. a. die Entscheidungsprozesse in der EU verändern und dem Europäischen Parlament mehr Rechte geben. Der Vertrag ist am 1. 12. 2009 in Kraft getreten.

1933 – 1945:   **Herrschaft der Nationalsozialisten in Deutschland**

30. 1. 1933:	Adolf Hitler wird Reichskanzler.
1935:	Nürnberger Rassegesetze
9. 11. 1938:	Reichsprogromnacht
1939 – 1945:	Zweiter Weltkrieg
1. 9. 1939:	Überfall auf Polen
22. 6. 1941:	Überfall auf die Sowjetunion
ab 1941:	systematische Vernichtung der Juden in den Konzentrationslagern
8. 5. 1945:	bedingungslose Kapitulation Deutschlands

1945 – 1949:   **Besatzungszeit**

Die vier Alliierten (USA, Sowjetunion, Großbritannien, Frankreich) teilen Deutschland in vier Besatzungszonen und Berlin in vier Sektoren.

20. 11. 1945 bis 30. 9. 1946:	Nürnberger Prozesse gegen die überlebenden Führer der NS-Zeit
Juni 1948 bis Mai 1949:	Luftbrücke nach Westberlin

1949 – 1989:   **Die Jahre der Teilung**

23. 5. 1949:	Gründung der Bundesrepublik Deutschland. Wichtige politische Ziele von Konrad Adenauer (Bundeskanzler 1949 – 1963): Westintegration, Aussöhnung mit Frankreich
7. 10. 1949:	Gründung der Deutschen Demokratischen Republik (DDR)
Mai 1955:	Die Bundesrepublik Deutschland wird Mitglied der NATO, die DDR wird Mitglied des Warschauer Paktes.
25. 3. 1957:	Gründung der Europäischen Wirtschaftsgemeinschaft (EWG). Die Bundesrepublik Deutschland ist eines der Gründungmitglieder.
13. 8. 1961:	Bau der Berliner Mauer
ab 1970:	Ostpolitik von Willy Brandt (Bundeskanzler 1969 – 1974)
1973:	Grundlagenvertrag zwischen der Bundesrepublik Deutschland und der DDR
1989:	Ab Sommer 1989 flüchten immer mehr DDR-Bürger in die Bundesrepublik Deutschland. In der DDR kommt es zu Massendemonstrationen.
9. 11. 1989:	Fall der Berliner Mauer
3. 10. 1990:	Wiedervereinigung

Deutschland seit 1990

1998 – 2005:	Koalition von SPD und Grünen. Bundeskanzler: Gerhard Schröder (SPD)
1999:	Umzug des Bundestages und der Bundesregierung von Bonn nach Berlin
2002:	Der Euro ersetzt in Deutschland die D-Mark. Zum Euroraum gehören heute 16 der 27 EU-Mitgliedsstaaten.
2005 – 2009:	Koalition von CDU/CSU und SPD. Bundeskanzlerin: Angela Merkel (CDU)
seit 2009:	Koalition von CDU/CSU und FDP. Bundeskanzlerin: Angela Merkel

Wichtige Institutionen der Europäischen Union

Europäische Kommission (Brüssel)
Europäisches Parlament (Straßburg)
Europäischer Gerichtshof (Luxemburg)
Europäische Zentralbank (Frankfurt)

Modul 2: Abschlussquiz

Kreuzen Sie an.

1 **Die NSDAP kam im Jahr … in Deutschland an die Macht.**
A ○ 1929
B ○ 1933
C ○ 1935
D ○ 1939

2 **Die Nürnberger Rassengesetze**
A ○ waren für die Integration der Juden wichtig.
B ○ verboten Ehen zwischen Juden und Nichtjuden.
C ○ waren der Grund für den Zweiten Weltkrieg.
D ○ wurden 1935 ungültig.

3 **Der Zweite Weltkrieg begann**
A ○ 1935.
B ○ 1938.
C ○ 1939.
D ○ 1941.

4 **Der Zweite Weltkrieg endete**
A ○ 1941.
B ○ 1945.
C ○ 1948.
D ○ 1949.

5 **Im Juni 1941 hat Deutschland … überfallen.**
A ○ Polen
B ○ Österreich
C ○ die Sowjetunion
D ○ die USA

6 **Die Berliner Luftbrücke**
A ○ war eine Idee der Sowjetunion.
B ○ war der Grund für den Mauerbau.
C ○ haben die Westalliierten eingerichtet.
D ○ hat den Zweiten Weltkrieg beendet.

7 **Die Alliierten haben**
A ○ die NSDAP zur Regierungspartei gemacht.
B ○ Deutschland in vier Besatzungszonen geteilt.
C ○ gegen Konrad Adenauer gekämpft.
D ○ Berlin zur Hauptstadt von Deutschland gemacht.

8 **Die Trümmerfrauen haben**
A ○ die deutschen Städte zerstört.
B ○ im Krieg gekämpft.

C O gegen die Alliierten protestiert.

D O nach dem Krieg die zerstörten Städte in Deutschland aufgeräumt.

9 **Die Bundesrepublik Deutschland und die DDR wurden ... gegründet.**

A O 1945

B O 1948

C O 1949

D O 1961

10 **Der Volksaufstand in der DDR war am 17. Juni**

A O 1949.

B O 1953.

C O 1955.

D O 1961.

11 **Welche Länder gehören zu den sechs Gründungsmitgliedern der EU?**

A O Dänemark, Frankreich, Großbritannien, Slowenien, Luxemburg, Niederlande

B O Belgien, Deutschland, Frankreich, Italien, Luxemburg, Niederlande

C O Deutschland, Finnland, Frankreich, Italien, Österreich, Schweden

D O Deutschland, Portugal, Großbritannien, Italien, Luxemburg, Griechenland

12 **Die Politik von Willy Brandt nennt man**

A O Westpolitik.

B O DDR-Politik.

C O Polen-Politik.

D O Ostpolitik.

13 **Die Wiedervereinigung war**

A O 1989.   **B** O 1990.   **C** O 1991.   **D** O 1998.

14 **Der erste Bundeskanzler für Gesamtdeutschland hieß**

A O Helmut Kohl.

B O Konrad Adenauer.

C O Willy Brandt.

D O Erich Honecker.

15 **Die Europäische Kommission sitzt in**

A O Frankfurt.

B O Brüssel.

C O Straßburg.

D O Luxemburg.

16 **Die Europäische Union hat heute ... Mitglieder.**

A O 6

B O 12

C O 16

D O 27

Alltagskultur

1a Beschreiben Sie die Fotos.

1b Warum funktioniert das Zusammenleben oder die Zusammenarbeit dieser Menschen?

> *Die Leute respektieren sich.*

> *Sie nehmen Rücksicht aufeinander.*

2a Was ist für die Menschen in Deutschland wichtig? Beschreiben Sie die Grafik.

Eine Umfrage hat gezeigt, welche Werte den Deutschen am wichtigsten sind.
Hier die ersten acht Plätze:

Wert	%
Ehrlichkeit	74 %
Familie	68 %
Gerechtigkeit	64 %
Respekt vor anderen	61 %
Freiheit	60 %
Hilfsbereitschaft	54 %
Verantwortungsgefühl	53 %
Höflichkeit	51 %

> *Für die meisten Deutschen ist Ehrlichkeit am wichtigsten.*

> *68 % haben in der Umfrage geantwortet, dass für sie die Familie am wichtigsten ist.*

2b   Welche Werte finden Sie besonders wichtig? Machen Sie eine Umfrage im Kurs.

2c   Gibt es weitere Aspekte, die für Sie eine große Bedeutung haben?

> *Für mich ist Toleranz sehr wichtig.*

> *Für mich ist wichtig, dass ich Vertrauen in andere haben kann.*

3   Worauf legen Sie außerdem Wert? Bilden Sie Gruppen und machen Sie eine Liste. Stellen Sie Ihre Ergebnisse im Kurs vor.

zu Hause/in der Familie	in der Öffentlichkeit	im Beruf
gute Nachbarschaft …	Sicherheit in öffentlichen Verkehrsmitteln …	nette Kollegen …

4   Diese Themen kommen in Modul 3 vor. Was finden Sie interessant, worüber möchten Sie gerne mehr erfahren? Wählen Sie ein Thema aus und schreiben Sie Fragen. Die Stichworte helfen.

Zusammenleben in der Familie

> Ehemann – Ehefrau – gleiche Rechte – Kinder – Großeltern – Generationen

Erziehung und Bildung

> Eltern – Kinder – Regeln – Schule – Lehrer

Interkulturelles Zusammenleben

> Zeit – Pünktlichkeit – Einladungen – Geschenke – Nachbarschaft

Religiöse Vielfalt

> Toleranz – Religionsfreiheit – Feiertage – Religionsgemeinschaften – Religionsunterricht

5   Was wissen Sie über die Alltagskultur in Deutschland?

	R	F
1. In Deutschland sind die meisten Menschen Mitglied in den christlichen Kirchen.	○	○
2. Wenn man um 20:00 Uhr zu einem Fest eingeladen ist, sollte man eine halbe Stunde früher kommen.	○	○
3. Wenn eine verheiratete Frau arbeiten will, muss der Ehemann zustimmen.	○	○
4. Man sollte immer pünktlich am Arbeitsplatz sein.	○	○
5. Wenn man einen Hauptschulabschluss hat, kann man studieren.	○	○
6. Fußball ist in Deutschland die beliebteste Sportart.	○	○
7. Wenn man auf dem Standesamt heiraten will, muss man Mitglied in einer christlichen Kirche sein.	○	○
8. Frauen dürfen auf der Straße nicht rauchen.	○	○
9. In Deutschland sind die Geschäfte sonntags meistens geschlossen.	○	○

Zwischen den Kulturen?

1a Lesen Sie die Texte. Woher kommen die Leute? Unterstreichen Sie.

1. Giancarlo Grosso

Ich bin in Deutschland geboren. Meine Eltern sind in den sechziger Jahren aus Syrakus in Italien nach Stuttgart gekommen, um hier zu arbeiten. Sie sind jetzt in Rente und leben wieder in Italien, aber ich bin hier geblieben. Für mich ist das Leben in Deutschland leichter als in Italien, denn hier kenne ich die Alltagsregeln und das Heimatland meiner Eltern habe ich nur im Urlaub besucht. Aber ich fühle mich auch als Italiener. Ich habe noch immer einen italienischen Pass und ich will ihn auch behalten.

2. Wang Lan

Ich komme aus China und lebe seit 2004 in Deutschland. Zuerst war ich Au-pair. Nach meinem Au-pair-Jahr habe ich Deutschkurse besucht und dann studiert. An der Uni habe ich meinen Mann kennengelernt. Ich lebe gern in Deutschland, aber ich mag China auch. Ich reise oft dorthin. Jedes Jahr bin ich mindestens vier Monate in meiner Heimat.

3. Samar Dschuma

Ich bin mit meiner Familie 2005 aus dem Irak nach Deutschland gekommen. Wir sind Christen und hatten im Irak große Probleme. Meine älteste Tochter ist jetzt in der Grundschule und sie spricht schon besser Deutsch als ich. Ich bin froh, dass ich jetzt in Deutschland bin, denn hier ist das Leben für uns sicherer, aber ich kann meine Heimat nicht vergessen.

4. Sergej Sizov

Ich bin 1993 als Spätaussiedler aus Kasachstan nach Deutschland gekommen. Ich war damals zehn Jahre alt. Ich wollte eigentlich in Kasachstan bleiben, aber meine Eltern wollten nach Deutschland, denn mein Onkel und meine Großeltern waren schon hier. Heute ist Deutschland meine Heimat. Ich habe einen guten Beruf als Bürokaufmann und ich spreche besser Deutsch als Russisch. Das finde ich aber auch schade, denn Russisch ist die Sprache meiner Kindheit.

5. Antonio Díaz

Ich komme aus Mexiko und lebe seit 2001 in Deutschland. Ich habe mein Ingenieurs-Studium in Berlin abgeschlossen und bin dann hier geblieben, weil ich Arbeit gefunden habe. Meine Frau ist Deutsche und ich habe seit einem Jahr auch den deutschen Pass. Wir haben eine zweijährige Tochter. Wir sprechen mit ihr nur Deutsch, aber ich möchte gerne, dass sie später auch meine Muttersprache Spanisch lernt, damit sie sich mit ihren Großeltern, Cousins und Cousinen in Mexiko unterhalten kann. Ich bin in Deutschland sehr glücklich, aber mir fehlt das mexikanische Essen. Hier gibt es zwar viele mexikanische Restaurants, aber das Essen ist eigentlich nicht typisch mexikanisch.

1b   Lesen Sie die Texte noch einmal und kreuzen Sie an: richtig oder falsch?

		R	F
1.	Giancarlo kennt Deutschland besser als Italien.	☐	☐
2.	Er hat einen deutschen Pass.	☐	☐
3.	Wang Lan möchte wieder in ihrer Heimat leben.	☐	☐
4.	Samar Dschuma findet das Leben in Deutschland schlechter als in ihrer Heimat.	☐	☐
5.	Sergej fühlt sich in Deutschland zu Hause.	☐	☐
6.	Er würde gerne besser Deutsch sprechen.	☐	☐
7.	Antonios Tochter soll auch Spanisch lernen.	☐	☐
8.	Er vermisst das mexikanische Essen.	☐	☐

2   Was möchten Sie von der Kultur Ihres Heimatlandes nicht aufgeben, wenn Sie in Deutschland bleiben?

3   Lesen Sie den Text und beantworten Sie die Fragen.

Im Jahr 1968 betrug der Anteil der ausländischen Bevölkerung in der Bundesrepublik Deutschland 1,92 Millionen Menschen oder 3,2 % der Gesamtbevölkerung. Diese Menschen waren zum großen Teil die so genannten Gastarbeiter, die seit den fünfziger Jahren nach Deutschland gekommen waren.

Ende August 2009 lebten ca. 7,1 Millionen Ausländer in Deutschland, das sind 8,7 % der Gesamtbevölkerung.
Den höchsten Ausländeranteil hatten die Stadtstaaten (14,5 %, Berlin: 13,1 %, Hamburg: 12,9 %, Bremen: 11,8 %) sowie Hessen (11,9 %). In den fünf neuen Bundesländern liegt der Ausländeranteil jeweils unter 3 %.

Die größte Gruppe ausländischer Mitbürger bilden mit fast 1,7 Millionen Menschen heute Personen mit türkischem Pass, an zweiter Stelle Menschen aus dem früheren Jugoslawien und an dritter Stelle stehen Italiener.

Diese Zahlen sagen wenig über die Migration bzw. die Zuwanderung nach Deutschland und über Migranten aus, also über Menschen, die nach Deutschland zugewandert sind. In den letzten Jahren und Jahrzehnten sind z. B. viele Menschen als Spätaussiedler aus der ehemaligen Sowjetunion nach Deutschland gekommen und sie besitzen die deutsche Staatsangehörigkeit. Viele Ausländer wurden eingebürgert, d. h. sie haben jetzt einen deutschen Pass. Deshalb tauchen sie in den Statistiken über Ausländer nicht mehr auf. Andererseits gibt es Personen, die in Deutschland geboren und zur Schule gegangen sind, aber keinen deutschen Pass haben. Im Jahr 2009 hatten 19 % der Einwohner Deutschlands einen Migrationshintergund, d. h. er oder sie war selbst zugewandert oder hatte mindestens einen zugewanderten Elternteil.

(Quelle: Bundesamt für Migration und Flüchtlinge)

1. Welche Bundesländer haben einen hohen Ausländeranteil?
2. In welchen Bundesländern gibt es wenige Ausländer?
3. Was versteht man unter Migranten?

Zusammenleben und Familie

1 Wie leben die Menschen in Deutschland in der Partnerschaft zusammen? Was haben Sie beobachtet? Welche Unterschiede und Gemeinsamkeiten gibt es zu Ihrem Heimatland?

> *Mir ist aufgefallen, dass viele Ehepaare keine Kinder oder nur ein Kind haben.*

> *Erstaunlich ist, dass viele ältere Menschen allein leben.*

> *In meiner Nachbarschaft gibt es viele Alleinerziehende.*

2a Lesen Sie die Texte und ordnen Sie die Fotos zu.

A

B

C

nicht verheiratetes Paar   *alleinerziehende Mutter*   *Single*

D

E

F

gleichgeschlechtliche Partnerschaft   *traditionelle Familie*   *Patchworkfamilie*

1. Wir leben seit vier Jahren zusammen und wir wollen auch Kinder haben. Wir sind nicht verheiratet und das soll so bleiben. Die Ehe ist für uns nicht so wichtig. Für uns ist wichtiger, dass wir uns gut verstehen.

2. Wir kennen uns seit acht Jahren und sind seit sechs Jahren verheiratet. Wir haben zwei Kinder. Wir finden, dass es für die Kinder am besten ist, wenn die Eltern verheiratet sind. Uns gibt die Ehe Sicherheit.

3. Ich bin seit drei Jahren geschieden. Die Kinder sind bei mir geblieben. Mein Leben als Alleinerziehende ist nicht einfach, trotzdem ist die Situation besser als früher. Mein Mann und ich hatten oft Streit und das war auch für die Kinder nicht gut. Alle zwei Wochen gehen sie am Wochenende zu ihrem Vater. Dann habe ich Zeit für mich.

4. Wir leben seit einem Jahr zusammen und wollen zusammen bleiben. Wir wollen unsere Partnerschaft beim Standesamt eintragen lassen. Dann haben wir zwar keine richtige Ehe, die ist in Deutschland nur zwischen einer Frau und einem Mann möglich, aber wir sind verpartnert und das gibt uns mehr Sicherheit.

5. Ich bin nicht verheiratet und das war ich auch nie. Ich hatte oft Freundinnen, aber nie für mehr als ein Jahr. Ich denke, dass ich am glücklichsten bin, wenn ich allein lebe. Neulich habe ich gelesen, dass Haushalte mit einem Erwachsenen, also Single-Haushalte, die häufigste Haushaltsform in Deutschland ist.

6. Ich bin zum zweiten Mal verheiratet. Wir sind jetzt eine richtige Patchworkfamilie mit fünf Kindern. Bei uns leben meine eigenen drei Kinder aus der ersten Ehe und auch die beiden Kinder von meiner Frau, die schon einmal verheiratet war.

2b Lesen Sie die Texte noch einmal. Was sagen die Personen über Ehe, Partnerschaft und Kinder?

3   Was bedeutet Familie für Sie? Diskutieren Sie. Die Stichworte können Ihnen helfen.

> Sicherheit – Vertrauen – Hilfe – Konflikte – Tradition – Kindererziehung

 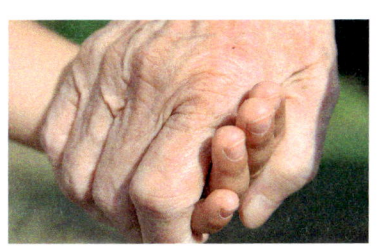

> *Familie bedeutet Sicherheit.*

> *Kinder brauchen die Familie.*

> *Familie – das sind für mich die Menschen, die ich am besten kenne.*

4   Lesen Sie den Artikel 6 des Grundgesetzes und ordnen Sie die Erklärungen zu.

(1) Ehe und Familie stehen unter dem besonderen Schutze der staatlichen Ordnung.

(2) Pflege und Erziehung der Kinder sind das natürliche Recht der Eltern und die zuvörderst ihnen obliegende Pflicht. Über ihre Betätigung wacht die staatliche Gemeinschaft.

(3) Gegen den Willen der Erziehungsberechtigten dürfen Kinder nur auf Grund eines Gesetzes von der Familie getrennt werden, wenn die Erziehungsberechtigten versagen oder wenn die Kinder aus anderen Gründen zu verwahrlosen drohen.

(4) Jede Mutter hat Anspruch auf den Schutz und die Fürsorge der Gemeinschaft.

(5) Den unehelichen Kindern sind durch die Gesetzgebung die gleichen Bedingungen für ihre leibliche und seelische Entwicklung und ihre Stellung in der Gesellschaft zu schaffen wie den ehelichen Kindern.

1.   Es darf keine Unterschiede zwischen ehelichen und unehelichen Kindern geben. *Absatz:*

2.   Der Staat schützt die Ehe und die Familie, das heißt Eltern und ihre Kinder. Als Familie versteht man aber nicht nur Ehepaare mit Kindern. Auch nicht verheiratete Paare mit Kindern und Alleinerziehende gelten mit ihren Kindern als Familie und bekommen dieselben Hilfen für ihre Kinder wie verheiratete Paare. *Absatz:*

3.   Mütter sind besonders geschützt. Ein Beispiel dafür ist der Mutterschutz. Schwangere Frauen bekommen ihn sechs Wochen vor der Geburt und acht Wochen nach der Geburt. Sie bekommen ihr Gehalt weiter und der Arbeitgeber darf ihnen nicht kündigen. *Absatz:*

4.   Die Kindererziehung ist das Recht und die Pflicht der Eltern. *Absatz:*

5.   Der Staat darf Kinder nur dann von ihren Eltern trennen, wenn die Eltern sich nicht um die Kinder kümmern. *Absatz:*

5   Lesen Sie die Sätze. Sollen Kinderrechte im Grundgesetz stehen? Diskutieren Sie im Kurs.

Ihre Stimme zählt, damit …
- Staat und Gesellschaft das Wohl der Kinder in den Mittelpunkt stellen.
- Kinder als eigenständige Persönlichkeiten anerkannt werden.
- die Förderung und der Schutz für Kinder verbessert werden.
- Kinder gehört und beteiligt werden, wenn es um ihre Belange geht.

> *Ich bin dafür, dass die Rechte von Kindern ins Grundgesetz kommen.*

> *Ich bin dagegen. Nur die Erwachsenen wissen, was für Kinder gut ist.*

Gleichberechtigung und Gleichbehandlung

1a Lesen Sie die Texte und kreuzen Sie an: richtig oder falsch?

1. Ferdinand, 33:

Ich bin verheiratet und wir haben ein Kind, das jetzt zwei Jahre alt ist. Nach der Geburt hat meine Frau mit der Arbeit aufgehört und ist zu Hause geblieben, um sich um das Kind zu kümmern. Jetzt mache ich das und meine Frau arbeitet wieder.

2. Sonja, 21:

Ich habe eine Ausbildung als Bürokauffrau und arbeite jetzt in einem Reisebüro. Ich möchte auch heiraten, aber erst nach einigen Jahren im Beruf. Wenn ich dann ein Kind bekomme, wird es einfacher, nach der Babypause wieder in den Beruf einzusteigen. Ich will nicht mein ganzes Leben von meinem Mann finanziell abhängig sein.

3. Maria, 45:

Ich bin Industriearbeiterin in einer Fabrik. Meine Kolleginnen in der Produktion sind fast nur Frauen und unsere Vorgesetzten waren viele Jahre lang nur Männer. Das ist jetzt anders. Seit einem Jahr haben wir eine Frau als Vorgesetzte. Aber ganz oben in der Direktion ist es so wie immer. Alle Chefs sind Männer.

4. Silke, 32:

Ich finde, dass Gleichberechtigung schon sehr früh anfangen muss, nämlich mit der Bildung. Es ist gut, dass Jungen und Mädchen in Deutschland heute gleiche Bildungschancen haben. Das war nicht immer so. Früher haben Mädchen seltener Abitur gemacht und studiert. Ich konnte studieren und bin jetzt Rechtsanwältin. Ich glaube, das wäre vor 50 Jahren nicht möglich gewesen. Damals hat man gesagt, dass Mädchen kein Abitur und keine gute Ausbildung brauchen, weil sie sowieso heiraten.

	R	F
1. Ferdinand will sich nicht um sein Kind kümmern.	○	○
2. Sonja möchte nicht gleich nach der Ausbildung heiraten.	○	○
3. Maria ist die Chefin von einer Firma.	○	○
4. Silke konnte nicht studieren.	○	○

1b Lesen Sie die Texte noch einmal. Was erfahren Sie über die Gleichberechtigung von Frauen und Männern?

1c Gleichberechtigung in der Familie und im Berufsleben. Was bedeutet das? Machen Sie eine Liste.

Familie	Beruf
Der Mann und die Frau kümmern sich gemeinsam um den Haushalt. ...	Für Männer und Frauen gibt es bei den Bildungs- und Karrierechancen keine Unterschiede. ...

2 Was stimmt? Kreuzen Sie an.

1. Gleichberechtigung in der Ehe und Familie

A ○ Bei einer Heirat behält die Frau ihr eigenes Vermögen.

B ○ Bei einer Heirat entscheidet der Mann über das Vermögen der Frau.

C ○ Der Ehemann entscheidet, welchen Familiennamen das Ehepaar haben soll.

D ○ Frauen können auch in einer Ehe den Familiennamen ihrer Eltern behalten.

E ○ In der Ehe gilt das Partnerschaftsprinzip. Es gibt kein Gesetz, das die Aufgaben von Ehemännern und Ehefrauen regelt.

F ○ Der Staat legt in Gesetzen fest, welche Aufgaben Männer und Frauen in der Ehe haben.

G ○ Nur der Mann darf beim Standesamt eine Eheschließung anmelden.

H ○ Mann und Frau dürfen beim Standesamt eine Eheschließung anmelden.

Mit 18 Jahren ist man in Deutschland volljährig. Dann

I ○ können die Eltern den Kindern nichts mehr verbieten. Die Söhne und Töchter können selbst entscheiden, ob sie bei den Eltern wohnen wollen und wen sie als Freund oder Freundin oder Ehepartner wählen.

J ○ können die Eltern ihren Söhnen nichts mehr verbieten, aber sie dürfen mitentscheiden, wenn die Töchter mit einem Freund zusammen ziehen oder heiraten wollen.

2. Gleichberechtigung im öffentlichen Leben

A ○ In Behörden, Gemeinden oder auch Unternehmen gibt es Frauenbeauftragte. Sie kümmern sich darum, dass Frauen und Männer gleiche Chancen und gleiche Arbeitsbedingungen haben.

B ○ In einigen Gemeinden gibt es Männerbeauftragte. Sie passen auf, dass Männer keine Nachteile gegenüber Frauen haben.

C ○ Arbeitgeber dürfen in Stellenanzeigen nicht schreiben, dass sie lieber einen Mann oder einen Frau einstellen möchten.

D ○ Es gibt Berufe, in denen nur Männer arbeiten dürfen.

3 Vergleichen Sie die Situation in Deutschland mit Ihrem Heimatland. Welche Rechte haben Frauen und Männer? Wo gibt es Unterschiede oder Gemeinsamkeiten?

4 Lesen Sie Absatz 3 von Artikel 3 des Grundgesetzes und die Anzeigen. Wo wird gegen den Gleichbehandlungsgrundsatz verstoßen?

> (3) Niemand darf wegen seines Geschlechtes, seiner Abstammung, seiner Rasse, seiner Sprache, seiner Heimat und Herkunft, seines Glaubens, seiner religiösen oder politischen Anschauungen benachteiligt oder bevorzugt werden. Niemand darf wegen seiner Behinderung benachteiligt werden.

1. Wir suchen deutsche Mitarbeiter für unseren Supermarkt in Teilzeit. Arbeitszeit: Montag – Freitag 8:00 – 12:00 Uhr. Tel. ▮▮▮▮

2. **GESUCHT:** Reinigungskräfte für ein Bürogebäude, morgens von 6:00 bis 8:00 Uhr, montags bis freitags. Deutschkenntnisse erforderlich. Tel. ▮▮▮▮

3. **Wir suchen für eine Fluggesellschaft attraktive Flugbegleiterinnen bis 30 Jahre. Tel.** ▮▮▮▮

4. Autohaus Dreisam sucht Büromitarbeiter/in. Behinderte werden bei gleicher Eignung bevorzugt. Tel. ▮▮▮▮

Die Kindererziehung, Elternhaus und Schule

1 Was bedeutet Erziehung? Kreuzen Sie an und diskutieren Sie über Ihre Ergebnisse.

1. ○ Man bereitet die Kinder auf das Leben vor.
2. ○ Die Kinder lernen, was richtig und falsch ist.
3. ○ Sie lernen, wie man schnell einen Ausbildungsplatz findet.
4. ○ Man liest den Kindern Geschichten vor.
5. ○ Kinder lernen, dass nur die Erwachsenen ihre Meinung sagen dürfen.

2 Betrachten Sie die Fotos. Wer erzieht die Kinder? Wo findet die Erziehung statt?

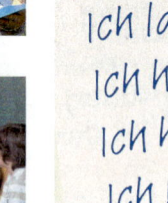

Unsere Klassenregeln
Ich lache niemanden aus!
Ich helfe anderen!
Ich höre aufmerksam zu!
Ich bin nett zu anderen!

> *Auf Foto A ist ein Kindergarten zu sehen. Hier betreuen die Erzieher die Kinder.*

> *Auf Foto C kümmert sich die Großmutter um das Kind. Vielleicht arbeiten die Eltern.*

3 Wer kümmert sich in Ihrem Heimatland um die Erziehung der Kinder?

4 Erziehungsziele in Deutschland. Ordnen Sie zu. Kontrollieren Sie ihre Ergebnisse anschließend mit den Lösungen im Anhang.

> Verantwortung – Respekt und Toleranz – Selbstbestimmung – Motivation

1. Kinder sollen mit Interesse lernen. Sie sollen verstehen, dass die Dinge, die sie lernen, für das eigene Leben wichtig sind: _____ .
2. Kinder sollen lernen, eigene Entscheidungen zu treffen: _____ .
3. Kinder sollen lernen, andere Menschen zu respektieren. Sie sollen lernen, dass die Menschen auf der Welt verschieden sind und verschieden leben: _____ .
4. Kinder sollen lernen und verstehen, dass das, was sie tun, auch für andere Menschen von Bedeutung ist. Sie sollen lernen, so zu handeln, dass sie anderen Menschen nicht schaden: _____ .

5 In welchen Situationen sind diese Werte wichtig? Sammeln Sie Beispiele.

> *In Deutschland ist für viele Menschen der Umweltschutz sehr wichtig. Deshalb sollen die Kinder auch Respekt gegenüber der Natur lernen.*

> *In der Familie bedeutet Verantwortung, dass die Eltern ihre Kinder versorgen und sie in die Schule schicken.*

6   Lesen Sie die Texte und beantworten Sie die Fragen.

1. Stefan Altmann, Lehrer

Wir Lehrer sind dafür verantwortlich, dass die Schüler in den einzelnen Fächern das Richtige lernen. Aber die Kinder sollen nicht nur Fachwissen lernen, sondern auf das Leben als Erwachsene vorbereitet werden. Dafür sind auch die Eltern verantwortlich, nicht nur die Schule. Für uns Lehrer ist wichtig, dass sich die Eltern für das Schulleben ihrer Kinder interessieren. Dann wird es für die Kinder auch leichter, einen Schulabschluss zu bekommen. Ohne Abschluss haben sie auf dem Arbeitsmarkt keine Chance.

2. Anja Dürr, Einzelhandelskauffrau

Mein Sohn ist jetzt im Gymnasium in der 5. Klasse. Für ihn ist das oft nicht leicht und auch ich verstehe nicht immer alles, was er dort lernt. Aber ich schaue am Nachmittag, ob er seine Hausaufgaben macht und kontrolliere am Morgen, ob er alles für den Schultag eingepackt hat. Ich habe ihm gesagt, dass er seine Fehler genau anschauen soll, wenn eine Klassenarbeit mal nicht so gut war. Das macht er seit einiger Zeit und seine Ergebnisse sind jetzt besser geworden.

3. Roman Hartung, Schüler

Vor zwei Jahren haben sich meine Eltern scheiden lassen. Das war auch für mich nicht leicht und ich hatte in der Schule sehr schlechte Noten. Meine Mutter hat meinen Vertrauenslehrer angerufen und wir haben zu dritt über die Situation gesprochen. Der Lehrer hat dann dafür gesorgt, dass ich die Klasse nicht wiederholen muss. Jetzt mache ich bald das Abitur.

1. Was sagt Herr Altmann über die Aufgaben der Schule?
2. Wofür sind auch die Eltern verantwortlich?
3. Warum ist ein Schulabschluss wichtig?
4. Was kontrolliert Frau Dürr am Morgen und am Nachmittag?
5. Was hat sie ihrem Sohn nach schlechten Klassenarbeiten geraten?
6. Warum hatte Roman Hartung in der Schule schlechte Noten?
7. Mit wem haben er und seine Mutter in der Schule gesprochen?

7   Wie kann man Kinder in der Erziehung unterstützen? Diskutieren Sie über die Meinungen und sammeln Sie weitere Ideen.

> *Man sollte Geduld haben, wenn Kinder viel fragen. Das ist gut für die Motivation.*

> *Manchmal sollte man streng mit den Kindern sein.*

> *Man muss Kindern klar und deutlich sagen, was richtig und falsch ist.*

> *Kinder müssen Regeln lernen.*

> *Bei Erziehungsproblemen kann auch die Beratungsstelle vom Jugendamt helfen.*

> *Das stimmt. Aber sie müssen auch verstehen, warum Regeln wichtig sind.*

> *Aber man darf sie nicht schlagen. Die Prügelstrafe ist in Deutschland verboten.*

Weiterbildung

1a Lesen Sie die Texte und ordnen Sie die Überschriften zu.

> Gutschein für mehr Bildung – Weiterbildungsangebote an der VHS

1.

Gestern veranstalteten die Volkshochschule und der „Treffpunkt Familie" in Heiligenhaus einen Informationstag über Angebote für die berufliche Weiterbildung. Gerade in der heutigen Zeit, wo man in fast allen Berufen immer neue Fachkenntnisse braucht, sollen viele Menschen die Möglichkeit haben, an Kursen teilzunehmen. „Berufliche Weiterbildung ist Teil des lebenslangen Lernens und es ist wichtig, dass wir mehr Menschen dazu motivieren", so VHS-Direktor Jens Neumann.

2.

Damit auch Menschen, die nur wenig Geld verdienen, an Weiterbildungen teilnehmen können, gibt es jetzt das Programm „Bildungsprämie". Die Bildungsprämie unterstützt individuelle, berufliche Weiterbildung durch den Prämiengutschein und das Weiterbildungssparen. Mit dem Prämiengutschein übernimmt der Bund die Hälfte der Kosten für Weiterbildungskurse und -prüfungen, maximal 154 Euro.

1b Lesen Sie die Texte noch einmal und beantworten Sie die Fragen.

1. Warum ist Weiterbildung wichtig? **2.** Für wen ist die Bildungsprämie?

2 Welche Bildungsangebote passen zu den Personen?

1. Ich habe eine Ausbildung zum Malergesellen gemacht und will jetzt die Meisterprüfung absolvieren. Dann kann ich eine eigene Malerfirma eröffnen und junge Leute in dem Beruf ausbilden.

2. Ich habe nach der Realschule eine Krankenpflegeausbildung gemacht. Medizin interessiert mich sehr. Jetzt will ich das Abitur machen, damit ich Medizin studieren und Arzt werden kann.

3. In meinem Heimatland war ich Erzieherin. Ich würde auch hier in Deutschland gerne als Erzieherin arbeiten. Ich mache jetzt einen Sprachkurs und wenn ich gut genug Deutsch spreche, will ich versuchen, noch einmal eine Ausbildung zu machen.

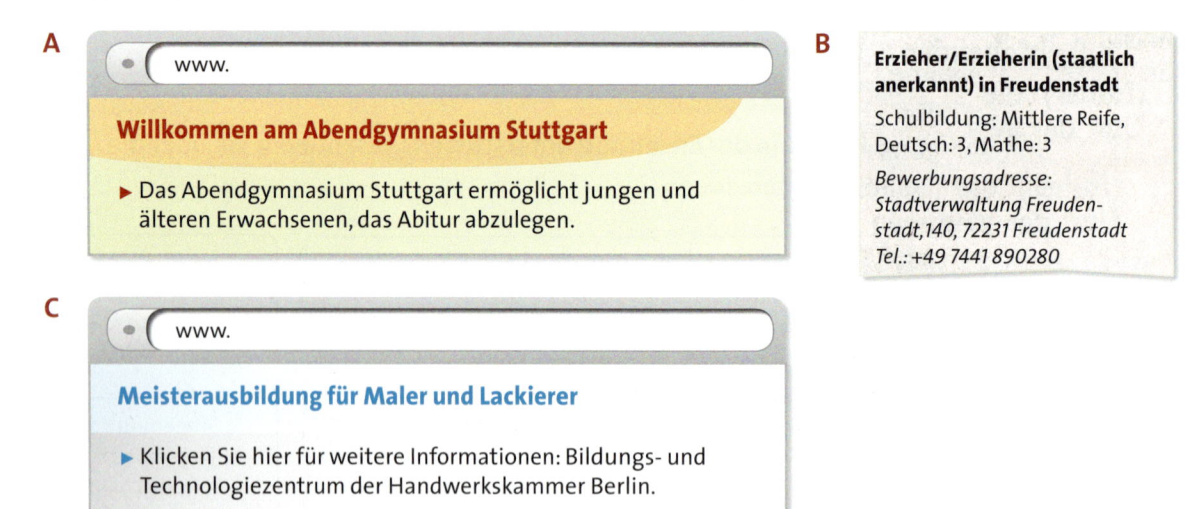

A

www.

Willkommen am Abendgymnasium Stuttgart

▸ Das Abendgymnasium Stuttgart ermöglicht jungen und älteren Erwachsenen, das Abitur abzulegen.

B

Erzieher/Erzieherin (staatlich anerkannt) in Freudenstadt
Schulbildung: Mittlere Reife, Deutsch: 3, Mathe: 3
Bewerbungsadresse: Stadtverwaltung Freudenstadt,140, 72231 Freudenstadt Tel.: +49 7441 890280

C

www.

Meisterausbildung für Maler und Lackierer

▸ Klicken Sie hier für weitere Informationen: Bildungs- und Technologiezentrum der Handwerkskammer Berlin.

3 In welchem Bereich würden Sie gerne eine Weiterbildung machen?

Wir werden immer älter

1   Ab wann ist man Senior? Was denken Sie?

> *Man ist so alt oder jung, wie man sich fühlt.*

> *Ich glaube, wenn man in Rente geht, ist man Senior oder Seniorin.*

2   Lesen Sie die Texte. Was erfahren Sie über das Leben von älteren Menschen in Deutschland?

Elli Siebeck, 75 Jahre

Unser Seniorenverein wurde 1990 gegründet. Wir Senioren wollen unsere Möglichkeiten nutzen und nach neuen Wegen für ein sinnvolles Leben suchen. Für uns sind Gesundheit und Mobilität wichtig. Wir haben eine Rentnerband und eine Theatergruppe und wir bieten ein Sportprogramm an. Zweimal pro Woche treffen wir uns ab 15:00 Uhr im Seniorencafé im Bürgertreff Volkmarsdorf.

Herta und Erich Müller, 69 und 71 Jahre

Wir fühlen uns noch jung. Wir bekommen eine gute Rente und unsere Kinder sind schon lange aus dem Haus. Wir machen jetzt viele Reisen. Aber vielleicht bleibt es nicht immer so. Wir haben schon einen Platz im Altersheim reserviert.

Herbert Fischer, 79 Jahre

Vor einem Jahr ist meine Frau gestorben. Ich wohne jetzt im Altersheim. Das ist besser für mich, denn ohne meine Frau wollte ich nicht länger in unserer Wohnung leben. Hier geht es mir gut. Ich muss nicht einkaufen oder kochen und ich habe viele Kontakte.

3   Es gibt immer mehr alte Menschen und immer weniger junge. Welche Folgen hat das? Lesen Sie die Sätze und diskutieren Sie.

Die Altersrente wird wahrscheinlich sinken.
Immer mehr Menschen brauchen Pflege.
Auch ältere Menschen werden im Beruf noch gebraucht.
Die Bevölkerung wird abnehmen.

Noch vor 100 Jahren waren die Menschen in Deutschland durchschnittlich 24 Jahre alt, heute liegt der Durchschnitt bei 43 Jahren, im Jahr 2050 wird er bei ca. 50 liegen.

4   Senioren in Deutschland und in Ihrem Heimatland. Vergleichen Sie.

> *Bei uns gibt es viel mehr junge als alte Menschen.*

> *Oft leben mehrere Generationen zusammen.*

> *Die Kinder sorgen für ihre Eltern.*

Interkulturelle Kompetenz

1a   Interkulturelle Missverständnisse. Zu welchen Bildern passen die Texte?

1. **Lu Feng, China**
   In China kann man Freunde einfach besuchen, ohne dass man vorher anrufen muss. Hier in Deutschland macht man immer erst einen Termin. Das war am Anfang ziemlich ungewöhnlich für mich, jetzt habe ich mich daran gewöhnt und inzwischen ist es mir auch lieber, dass meine Freunde anrufen, wenn sie mich besuchen wollen.

2. **Ulrike Hüll, Mitarbeiterin der Bundesagentur für Arbeit**
   Ein Kollege von mir hat erzählt, dass eine Kundin ihren Bruder zu einem Termin geschickt hatte, weil sie selbst krank war. Bei mir ist einmal ein Kunde einen Tag später als vereinbart gekommen und hat als Entschuldigung Pralinen mitgebracht. Wir dürfen hier keine Geschenke annehmen und man muss selbst kommen, wenn man einen Termin hat. Oder man ruft vorher an und macht einen neuen Termin.

3. **Janina Zvereva, Weißrussland**
   Meine Tochter war bei einer deutschen Klassenkameradin zum Geburtstag eingeladen. Wir hatten ein großes und teures Geburtstagsgeschenk gekauft, denn bei uns gibt es keine kleinen Geschenke. Nach dem Fest sagte meine Tochter, dass sie sich nicht ganz wohl gefühlt hat, denn alle anderen hatten nur kleine Geschenke. Das Positive: Wir haben etwas über die Geschenkkultur in Deutschland gelernt.

4. **Joachim Schote, Deutschland**
   Ich habe einige Jahre in Dänemark gelebt. Beim Telefonieren sprechen auch Menschen, die sich überhaupt nicht kennen, wie alte Freunde miteinander. In Deutschland ist man distanzierter. Einmal hat mir jemand gesagt, dass ich am Telefon sehr unhöflich bin. Aber das stimmte gar nicht. Ich habe nur so gesprochen, wie es in Deutschland üblich ist. In Deutschland wären Gesprächspartner, die ich nicht kenne, irritiert, wenn ich mit ihnen so freundschaftlich sprechen würde.

5. **Linda Gutmann, Deutschland, Personalchefin Inga AG**
   Neulich hatte ich ein komisches Gespräch mit einem Bewerber. Er wollte mir wohl ein Kompliment machen und hat gesagt, dass ich so schön wie eine Prinzessin in seinem Heimatland bin. Natürlich höre ich so etwas gerne, aber in einem Bewerbungsgespräch passt das nicht. Er hat die Stelle nicht bekommen.

1b   **Lesen Sie die Texte noch einmal und ordnen Sie zu.**

In Deutschland

1. sollte man bei Bewerbungsgesprächen keine persönlichen Komplimente machen: *Text 5*
2. ist es üblich, dass man vorher anruft, wenn man Freunde besuchen will: *Text*
3. macht man nur kleinere Geschenke, wenn man bei Freunden oder Bekannten eingeladen ist: *Text*
4. sollte man bei Gesprächen mit Menschen, die man nicht persönlich kennt, freundlich sein, aber auch distanziert bleiben: *Text*
5. muss man bei einer Behörde einen neuen Termin vereinbaren, wenn man zu einem vereinbarten Termin nicht kommen kann: *Text*

2   **Kennen Sie weitere Beispiele für interkulturelle Missverständnisse? Haben Sie schon einmal solche Situationen erlebt? Berichten Sie.**

3   **Lesen Sie den Text und beantworten Sie die Fragen.**

Jeder Mensch hat seine eigene Geschichte und seine eigenen Erfahrungen. Wir alle sind von der Kultur geprägt, in der wir aufgewachsen sind. Zwischen den Kulturen der Welt gibt es große Unterschiede, z. B. wenn es um die Geschichte und das wirtschaftliche oder politische System geht. Aber auch im Alltagsleben gibt es Unterschiede. Die Begrüßungsformen sind verschieden, die Nachbarschaftskontakte sind unterschiedlich, es gibt andere Regeln, wie man mit Kollegen oder Vorgesetzen spricht und über welche Themen man reden kann.
Interkulturelle Kompetenz ist die Fähigkeit, diese Unterschiede zu verstehen und in einer fremden Kultur so zu handeln, dass man Erfolg hat. Interkulturelle Kompetenz kann man lernen, wenn man für eine fremde Kultur offen und bereit ist, sie zu verstehen.

1. Welche Beispiele gibt der Text für kulturelle Unterschiede?
2. Was ist interkulturelle Kompetenz?
3. Was ist notwendig, um interkulturelle Kompetenz zu lernen?

4   **Welche Unterschiede gibt es zwischen der Alltagskultur in ihrem Heimatland und in Deutschland? Welche Beobachtungen haben Sie gemacht?**

Begrüßungen
Einladungen
Gespräche mit Nachbarn
Gespräche mit Lehrern in der Schule
Gespräche mit Arbeitskollegen
Kontakte mit Mitarbeitern von Behörden
…

5   **Welche Möglichkeiten gibt es, um interkulturelle Kompetenz zu lernen? Diskutieren Sie über die Vorschläge und sammeln Sie weitere Ideen.**

Ich finde es wichtig, dass man genau beobachtet, wie die Menschen miteinander sprechen.

Fehler sind nicht schlimm, denn man kann aus ihnen lernen.

Auch die eigenen Kinder können Lehrer sein, wenn sie in den Kindergarten oder in die Schule gehen.

Zusammenleben in der Nachbarschaft

1 Betrachten Sie das Bild. Welche Probleme gibt es in diesem Mietshaus?

2 Lesen Sie den Anfang der Hausordnung. Warum ist eine Hausordnung für Mehrfamilienhäuser notwendig?

> Die Hausordnung regelt das Zusammenleben aller Mitbewohner. Sie soll ein Zusammenleben ohne Streit und Konflikte möglich machen. Die Hausbewohner fühlen sich nur dann wohl, wenn alle aufeinander Rücksicht nehmen.

3 Lesen Sie die Regeln. Zu welchen Situationen auf dem Bild passen sie?

1. Der im Haushalt anfallende Müll darf nur in die dafür vorgesehenen Mülltonnen und Container entsorgt werden.
2. Das Grillen mit Holzkohle ist auf den Balkonen nicht erlaubt.
3. Das Abstellen von Fahrrädern ist nur auf den dafür vorgesehenen Flächen und im Fahrradkeller erlaubt.
4. Die Hausbewohner sollen sich so verhalten, dass ihre Mitbewohner nicht durch Lärm, Musikhören, Musizieren oder Ähnliches gestört werden. Die Ruhezeiten (Sonn- und Feiertage sowie Werktage von 13:00 – 15:00 und 22:00 – 08:00 Uhr) sind zu beachten.
5. Haustiere dürfen im Treppenhaus und im Hof nicht frei herumlaufen.

4 Bilden Sie Gruppen. Schreiben Sie für die Themen im Kasten je eine Regel. Vergleichen Sie Ihre Ergebnisse im Kurs.

> Kinder – Sicherheit – Reinigung – Lüften – Haustiere

5 Welche Regeln gelten in dem Haus, in dem Sie wohnen?

Recht im Alltag

1 **Lesen Sie die Texte und ordnen Sie zu.**

1. Mein Ex-Mann und ich hatten sehr oft Streit. Wir waren bei der Eheberatung und haben Regeln für unser Zusammenleben aufgestellt. Am Ende war die einzige Lösung die Scheidung. Wir mussten ein Jahr lang getrennt leben und erst nach diesem Trennungsjahr war die Scheidung möglich. Für den Antrag auf Ehescheidung beim Familiengericht brauchte ich dann einen Anwalt.

2. Im letzten Jahr habe ich vom Finanzamt einen Steuerbescheid bekommen, der falsch war. Das Finanzamt wollte mehr Geld von mir haben, als ich eigentlich bezahlen musste. Ich habe dann Einspruch eingelegt und einen neuen Steuerbescheid bekommen.

3. Mein neuer Fernseher war schon nach zwei Tagen kaputt. Zum Glück hatte ich noch den Kassenzettel. Ich bin zu dem Elektrogeschäft gegangen und habe den Fernseher reklamiert. Ich habe einen neuen Fernseher bekommen, der sehr gut funktioniert.

4. Als Betriebsrat in einem großen Unternehmen vertrete ich die Interessen der Mitarbeiter. Bei wichtigen Themen wie z. B. Arbeitszeiten verhandeln wir mit der Unternehmensführung über Betriebsvereinbarungen. Die Kollegen kommen auch zu mir, wenn sie Probleme am Arbeitsplatz haben. Ich berate sie und versuche, die Probleme zu lösen. Manchmal muss ich Kollegen wegen einer Kündigung helfen, also sie über ihre Rechte und über Kündigungsfristen aufklären. Normalerweise müssen der Arbeitgeber und der Arbeitnehmer bei einer Kündigung nämlich beachten, dass es Fristen gibt, d. h. der Arbeitsvertrag endet nicht sofort, sondern z. B. erst zum Monatsende.

A Eine Scheidung ist möglich, wenn das Ehepaar ein Jahr lang getrennt gelebt hat. _Text:_

B Bei einer Kündigung müssen sowohl der Arbeitgeber als auch der Arbeitnehmer die Kündigungsfristen beachten. _Text:_

C Wenn ein neues Elektrogerät nicht funktioniert, ist eine Reklamation möglich. _Text:_

D Gegen einen falschen Steuerbescheid kann man Einspruch einlegen. _Text:_

E Für eine Ehescheidung braucht man einen Anwalt. _Text:_

F Ein Betriebsrat hilft Kollegen, die Probleme mit dem Arbeitgeber haben. _Text:_

2 **Warum gibt es folgende Regeln und Gesetze? Diskutieren Sie im Kurs.**

– An öffentlichen Orten, z. B. in Schulen und Restaurants, ist das Rauchen verboten.
– Biergärten müssen in vielen Städten spätestens um 22:00 Uhr schließen.
– Für den Autoführerschein muss man eine Fahrschule besuchen.
– Man darf in Deutschland keine Waffen in der Öffentlichkeit tragen.

🛈

Probleme und Konflikte im Alltag, z. B. in der Familie, am Arbeitsplatz, mit Ämtern und Behörden kommen oft vor. Regeln und Gesetze sollen in Deutschland dafür sorgen, dass man die Konflikte friedlich und ohne Gewalt löst. Beispiele sind Verbraucherschutzgesetze, die den Kunden u. a. das Recht geben, eine defekte Ware zu reklamieren, das Familienrecht oder das Arbeitsrecht. Auch die Möglichkeit, gegen die Entscheidungen von Behörden zu protestieren oder sich zu beschweren, wenn man sich von Behördenmitarbeitern schlecht behandelt fühlt, kann für eine friedliche Konfliktlösung nützlich sein. Wenn es trotz Verhandlungen und Gesprächen in einem Konflikt keine Einigung gibt, ist es möglich, bei einem Gericht zu klagen.

Religiöse Vielfalt

1 Welches Bild gehört zu welcher Religion? Ordnen Sie zu.

1. Evangelische Kirche   2. Katholische Kirche   3. Islam   4. Judentum
5. Hinduismus   6. Buddhismus   7. Orthodoxe Kirche

2 Was wissen Sie über die Religionen? Ergänzen Sie die fehlenden Wörter.

> Guru – Moschee – Tempel – Synagoge – Martin Luther – Papst – Ikonostase

1. Ein Gotteshaus heißt im Islam _____.
2. Der Gründer der evangelischen Kirche heißt _____.
3. Ein Gotteshaus im Judentum heißt _____.
4. Ein _____ ist im Hinduismus ein religiöser Lehrer.
5. In Asien gibt es viele buddhistische _____.
6. Der _____ ist das Oberhaupt der katholischen Kirche.
7. In der orthodoxen Kirche trennt die _____ den Altar von der Gemeinde.

3 Beschreiben Sie die Statistik.

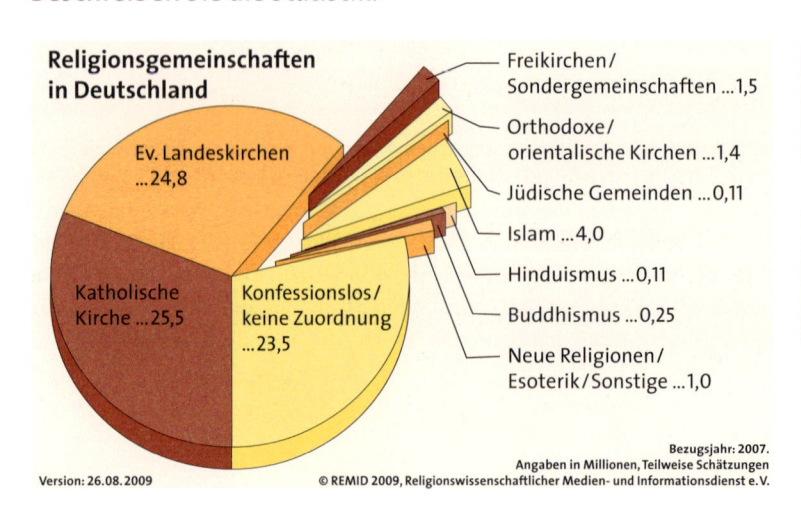

Religionsgemeinschaften in Deutschland

- Ev. Landeskirchen ...24,8
- Katholische Kirche ...25,5
- Konfessionslos/ keine Zuordnung ...23,5
- Freikirchen/ Sondergemeinschaften ...1,5
- Orthodoxe/ orientalische Kirchen ...1,4
- Jüdische Gemeinden ...0,11
- Islam ...4,0
- Hinduismus ...0,11
- Buddhismus ...0,25
- Neue Religionen/ Esoterik/Sonstige ...1,0

Bezugsjahr: 2007.
Angaben in Millionen, Teilweise Schätzungen
Version: 26.08.2009   © REMID 2009, Religionswissenschaftlicher Medien- und Informationsdienst e.V.

> *Die meisten Menschen sind in der evangelischen und katholischen Kirche.*

> *Ich finde interessant, dass mehr als 20 Millionen Menschen zu keiner Religion gehören.*

4   Lesen Sie den Text und beantworten Sie die Fragen.

Der Staat schreibt keine Religion vor und ist religiös neutral. Da Deutschland aber eine christliche Tradition und das Christentum die deutsche und auch die europäische Kultur geprägt hat, haben die evangelische und die katholische Kirche eine besondere Stellung. Auf der Lohnsteuerkarte von Arbeitnehmern ist die Konfession, also die Religionszugehörigkeit anzugeben, weil der Staat die Kirchensteuer einzieht, wenn man einer der Konfessionen angehört. In den Schulen gibt es Religionsunterricht, der wegen der Religionsfreiheit aber nicht Pflicht ist. Bis zum 14. Lebensjahr entscheiden die Eltern, ob ein Kind am Religionsunterricht teilnimmt. Neben dem christlichen Religionsunterricht gibt es auch jüdischen Unterricht und in einigen Bundesländern Angebote für Angehörige des Islam.

1. Warum haben die evangelische und die katholische Kirche eine besondere Stellung?
2. Warum steht auf der Lohnsteuerkarte die Konfession?
3. Für welche Religionen gibt es in der Schule Religionsunterricht?

5   Vergleichen Sie mit Ihrem Heimatland. Welche Religionen gibt es? Zu welcher Religion gehören die meisten Menschen?

6a   Gesetzliche Feiertage in Deutschland. Welche Feiertage sind kirchliche Feiertage?

Feiertage mit festen Terminen:	Bewegliche Feiertage – März bis Juni
1. Januar: Neujahr	Karfreitag
1. Mai: Maifeiertag	Ostern: Ostersonntag und Ostermontag
3. Oktober: Tag der Deutschen Einheit	Christi Himmelfahrt
25. und 26. Dezember: 1. und 2. Weihnachtstag	Pfingsten: Pfingstsonntag und Pfingstmontag

6b   Was wissen Sie über die kirchlichen Feiertage?

> *Weihnachten feiert man die Geburt von Jesus. Es ist auch ein großes Familienfest.*

> *Die vier Wochen vor Weihnachten nennt man die Adventszeit.*

6c   Gibt es in dem Bundesland, in dem Sie wohnen, noch andere Feiertage?

7   Berichten Sie über Ihre Religion.

1. Welche Feiertage gibt es?
2. Welcher ist der wichtigste Feiertag?
3. Welche Orte und Symbole sind für Ihre Religion besonders wichtig?
4. Welche Möglichkeiten gibt es, Ihre Religion an Ihrem Wohnort auszuüben?

8   Grenzen für die Religionsfreiheit? Lesen Sie folgende Situationen und diskutieren Sie.

1. Ein streng christliches Ehepaar will nicht, dass seine Kinder eine öffentliche Schule besuchen.
2. Ein Bundesland verbietet moslemischen Lehrerinnen, im Unterricht ein Kopftuch zu tragen.
3. Das Bundesverfassungsgericht verbot 1995 dem Bundesland Bayern die Vorschrift, dass in Klassenzimmern von Volksschulen ein Kreuz hängen muss.
4. Ein Arbeitgeber verbietet einem Mitarbeiter, während der Arbeit zu beten, wenn das die Arbeitsabläufe stört.

Die Zeit

1 Betrachten Sie die Fotos und lesen Sie die Sprichwörter. Was erfahren Sie über das Thema Zeit?

> Kommt Zeit kommt Rat.

> Zeit ist Geld.

2a Lesen Sie den Text über Zeitwahrnehmung. Welches Bild passt zu welchen Aussagen?

In manchen Kulturen wird die Zeit linear wahrgenommen. Man erledigt eine Aufgabe nach der anderen und konzentriert sich auf eine Aufgabe (wie in Deutschland).

In anderen Kulturen (zirkuläre Zeitwahrnehmung) neigt man aber dazu, viele Aufgaben gleichzeitig zu erledigen und man ist leicht von der Aufgabe abgelenkt (wie in China).

Das habe ich erlebt, als ich in Shanghai ein Bankkonto eröffnete: Die chinesische Bankangestellte machte alles gleichzeitig, sie

– verteilte die Info-Blätter und Antragsformulare an Kunden,
– führte am Telefon ein Beratungsgespräch durch und
– bearbeitete ein Antragsformular.

Jeder, der den Raum betrat, sprach sie sofort an. Ganz selbstverständlich, obwohl sie gerade den Telefonhörer zwischen Schulter und Kinn geklemmt hatte. Jeder bekam gleich eine Auskunft, auch wenn nur ganz kurz. Das wäre in Deutschland undenkbar! Man würde gleich eine Zurechtweisung bekommen: „Eins nach dem anderen!" „Keine Hektik!"

2b Haben Sie in Deutschland oder in Ihrem Heimatland ähnliche Erfahrungen gemacht? Arbeiten Sie eher nach Plan und konzentrieren sich auf eine Aufgabe oder machen Sie oft viele Sachen gleichzeitig?

3 Wann ist Pünktlichkeit wichtig? In welchen Situationen sollte man früher kommen? Wann kann man auch etwas später kommen? Diskutieren Sie im Kurs.

1. Sie haben um 11 Uhr einen Termin beim Arzt.
2. Sie haben Ihrer Freundin / Ihrem Freund gesagt, dass Sie heute Abend ungefähr um 19 Uhr vorbeikommen.
3. Ihr Chef / Ihre Chefin hat Sie um 19 Uhr zum Essen eingeladen.
4. Der Unterricht beginnt jeden Morgen um 9 Uhr.
5. Sie haben um 10 Uhr ein Bewerbungsgespräch.
6. Sie sind zu einer Party eingeladen. Auf der Einladung steht: ab 20 Uhr.
7. Sie sind mit Freunden um 19 Uhr im Restaurant verabredet.
8. Ihre Arbeit beginnt morgens um 7 Uhr.

Migration

– In Deutschland lebende Ausländer: ca. 7,1 Millionen oder 8,7 % der Gesamtbevölkerung
  (Stand: Ende August 2009)
– 2009 hatten 19 % der in Deutschland lebenden Menschen einen Migrationshintergrund.

Familie und Kinder

– Das Grundgesetz schützt die Ehe und die Familie.
– In der Ehe haben der Ehemann und die Ehefrau die gleichen Rechte.
– Uneheliche Kinder haben dieselben Rechte wie eheliche Kinder.
– Wichtige Erziehungsziele in Deutschland:
  • Motivation
  • Respekt und Toleranz
  • Selbstbestimmung
  • Verantwortung
– Mit 18 Jahren ist man in Deutschland volljährig. Dann können die Kinder selbst über ihr Leben entscheiden
  und müssen nicht mehr das machen, was ihre Eltern wollen.

Antidiskriminierungsgebot

Absatz 3 von Artikel 3 des Grundgesetzes verbietet Diskriminierung. Das bedeutet zum Beispiel, dass alle
Personen mit gleicher Qualifikation dieselben Chancen haben müssen, wenn sie sich um eine Stelle bewerben.
Die Religion, die Hautfarbe oder die Muttersprache einer Person dürfen z. B. für die Entscheidung, wer die Stelle
bekommt, keine Rolle spielen.
Arbeitgeber dürfen in Stellenanzeigen nicht schreiben, dass sie z. B. eine Person mit einer bestimmten Nationa-
lität oder einer bestimmten Hautfarbe suchen und auch nicht, dass sie nur einen Mann oder eine Frau einstellen
wollen.

Senioren in Deutschland

In Deutschland steigt das Durchschnittsalter, es werden nur wenige Kinder geboren, die Zahl der Senioren
steigt. Deshalb müssen die Menschen länger arbeiten, ältere Menschen werden im Beruf immer stärker gebraucht. Wahrscheinlich werden die Altersrenten sinken. Immer mehr Menschen brauchen Pflege.

Interkulturelle Kompetenz

Interkulturelle Kompetenz bedeutet, dass man die Unterschiede zwischen der eigenen und einer fremden
Kultur versteht und danach erfolgreich handeln kann.
Um interkulturelle Kompetenz zu lernen, muss man für eine fremde Kultur offen und bereit sein, sie zu
verstehen.

Religiöse Vielfalt

– Die größten Religionsgemeinschaften sind die evangelische und die katholische Kirche (katholische Kirche:
  25,5 Millionen Mitglieder, evangelische Kirche: 24,8 Millionen Mitglieder).
– 4,0 Millionen Menschen gehören zum Islam.
– 0,11 Millionen Menschen sind Mitglieder der jüdischen Gemeinden.
– 23,5 Millionen Menschen gehören zu keiner Religionsgemeinschaft.

Modul 3: Abschlussquiz

Kreuzen Sie an.

Bei jeder Aufgabe gibt es zwei richtige Lösungen.

1 Welche Sätze über Migranten passen?

A ○ Alle Personen, die in Deutschland leben, aber im Ausland Urlaub machen, sind Migranten.
B ○ Auch Personen, die einen deutschen Pass haben, können Migranten sein.
C ○ In Deutschland haben fast 20 % aller Einwohner einen Migrationshintergrund.
D ○ Mit Ausländern und Migranten meint man dieselbe Personengruppe.

2 Welche Sätze über eheliche und uneheliche Kinder passen?
A ○ Uneheliche Kinder dürfen keine Nachteile gegenüber ehelichen Kindern haben.
B ○ Uneheliche Kinder haben weniger Rechte als eheliche Kinder.
C ○ In einer Familie können sowohl eheliche als auch uneheliche Kinder leben.
D ○ Wenn eine Frau uneheliche Kinder hat, darf sie nicht heiraten.

3 In einer Ehe
A ○ haben der Mann und die Frau die gleichen Rechte.
B ○ entscheidet die Frau über den Familiennamen.
C ○ muss der Mann einverstanden sein, wenn die Frau arbeiten will.
D ○ kann auch der Mann zu Hause bleiben, um sich um die Kinder zu kümmern, während die Frau arbeitet.

4 Mit 18 Jahren ist man in Deutschland volljährig. Was bedeutet das?
A ○ Man darf die Schule nicht mehr besuchen.
B ○ Man kann frei entscheiden, mit wem man zusammenleben möchte.
C ○ Man darf nicht mehr bei den Eltern wohnen.
D ○ Man hat bei Bundestags- und Landtagswahlen das aktive Wahlrecht, wenn man die deutsche Staatsbürgerschaft hat.

5 Welche Sätze über Kindererziehung passen?
A ○ Wenn Kinder Schulprobleme haben, sollte es ein Gespräch zwischen den Eltern, dem Schüler und einem Lehrer geben.
B ○ Nur die Lehrer sind dafür verantwortlich, dass die Schüler in der Schule Erfolg haben.
C ○ Auch die Eltern sind dafür verantwortlich, dass ihre Kinder in der Schule Erfolg haben.
D ○ Die Eltern sind dafür verantwortlich, dass ihre Kinder in der Schule in den wichtigen Fächern Unterricht bekommen.

6 Welche Sätze über Weiterbildung passen?
A ○ Wenn man eine Weiterbildung machen will, braucht man das Abitur.
B ○ Weiterbildung ist wichtig, weil sich die Berufswelt schnell verändert.
C ○ Ohne Weiterbildung hat aman schlechtere Karrierechancen.
D ○ Wenn eine Frau nach der Babypause wieder in ihrem alten Beruf arbeiten will, muss sie zuerst eine Weiterbildung machen.

7   Welche Sätze über interkulturelle Kompetenz passen?

A ◯ Um interkulturelle Kompetenz zu lernen, muss man die eigene Kultur vergessen.

B ◯ Interkulturelle Kompetenz kann man nicht lernen.

C ◯ Mit interkultureller Kompetenz kann man in einer fremden Kultur erfolgreich handeln.

D ◯ Interkulturelle Kompetenz bedeutet, dass man eine fremde Kultur versteht.

8   Welche Sätze über die Hausordnung passen?

A ◯ Durch die Hausordnung kann der Vermieter mehr Miete bekommen.

B ◯ Eine Hausordnung braucht man nur, wenn in einem Haus Menschen mit verschiedenen Nationalitäten leben.

C ◯ Eine Hausordnung soll Streit unter den Mietern vermeiden.

D ◯ Zu einem Mietvertrag gehört oft auch die Hausordnung.

9   Betriebsräte

A ◯ helfen Arbeitnehmern bei Problemen mit ihren Arbeitgebern.

B ◯ helfen Arbeitgebern bei Problemen mit Arbeitnehmern.

C ◯ informieren Personen, die eine Arbeit suchen, über ihre Rechte.

D ◯ informieren Kollegen, die eine Kündigung bekommen haben, über ihre Rechte.

10   Welche Sätze über Ehescheidung passen?

A ◯ Eine Ehescheidung können nur die Eltern der Ehepartner beantragen.

B ◯ Eine Ehescheidung ist nur möglich, wenn die Ehepartner seit einem Jahr getrennt leben.

C ◯ Nur der Mann kann eine Ehescheidung beantragen.

D ◯ Ohne die Hilfe von einem Rechtsanwalt ist eine Ehescheidung nicht möglich.

11   Welche Feiertage sind kirchliche Feiertage?

A ◯ Ostern

B ◯ Maifeiertag

C ◯ Weihnachten

D ◯ Tag der deutschen Einheit

12   Welche Sätze über die Kirchensteuer passen?

A ◯ Kirchensteuer bezahlen alle Deutschen, die arbeiten und Geld verdienen.

B ◯ Man bezahlt die Kirchensteuer direkt an die Kirche.

C ◯ Kirchensteuer bezahlen Mitglieder der katholischen und der evangelischen Kirche, wenn sie arbeiten und Geld verdienen.

D ◯ Zuerst kassiert der Staat die Kirchensteuer und gibt sie dann an die Kirchen weiter.

Der Orientierungskurs – Eine Bilanz

1 Lesen Sie die Aussagen. Welchen können Sie zustimmen? Diskutieren Sie im Kurs.

> *Für mich war das Politik-Modul interessant. Ich habe nicht genau gewusst, wie die Demokratie in Deutschland mit Wahlen und Parlamenten funktioniert.*

> *Ich wusste schon einiges über die Politik in Deutschland, aber wenig über Geschichte. Es war gut, dass ich mehr über die deutsche Geschichte, vor allem die Nazi-Zeit, erfahren habe.*

> *Für mich war der Orientierungskurs sehr schwer, vor allem die Module Geschichte und Politik. Es gibt so viele Wörter, die ich noch nicht richtig verstehe.*

> *Das Geschichtsmodul und besonders das Politikmodul waren sehr schwer. Das Modul über das Alltagsleben war für mich einfacher und interessanter. Da gab es praktische Informationen, zum Beispiel über soziale Sicherheit. Außerdem konnte ich die Themen besser verstehen.*

> *Ich finde Geschichte sehr interessant, ich möchte gerne mehr über die Zeit vor dem National-sozialismus wissen. Ich habe schon angefangen, mich mit dem Ersten Weltkrieg und den Jahren danach zu beschäftigen.*

2 Was war für Sie interessant, was weniger interessant? Worüber möchten Sie noch mehr erfahren? Kreuzen Sie an. Vergleichen Sie Ihre Ergebnisse im Kurs.

Politik	sehr interessant	interessant	weniger interessant	nicht interessant	Ich möchte mehr über das Thema wissen.
Grundrechte	O	O	O	O	O
Wahlen	O	O	O	O	O
Parlamente	O	O	O	O	O
Parteien	O	O	O	O	O
Bundesländer	O	O	O	O	O
Sozialsystem	O	O	O	O	O
Möglichkeiten für politische Beteiligung	O	O	O	O	O

Geschichte und Verantwortung

Nationalsozialismus	○	○	○	○	○
2. Weltkrieg	○	○	○	○	○
Besatzungszeit	○	○	○	○	○
Geschichte der DDR	○	○	○	○	○
Die deutsche Teilung	○	○	○	○	○
Deutsche Geschichte nach dem Mauerfall	○	○	○	○	○
Geschichte der EU	○	○	○	○	○

Mensch und Gesellschaft

Familien in Deutschland	○	○	○	○	○
Gleichberechtigung und Gleichbehandlung	○	○	○	○	○
Kindererziehung	○	○	○	○	○
Interkulturelle Kompetenz	○	○	○	○	○
Recht im Alltag	○	○	○	○	○
Religionen in Deutschland	○	○	○	○	○

3 **Tipps für den Orientierungskurstest. Kreuzen Sie an: richtig oder falsch?**

Im Orientierungskurstest erhalten Sie 25 Fragen aus einem Katalog mit 250 Fragen zu den Themen, die Sie im Orientierungskurs behandelt haben. Sie müssen 13 Fragen richtig beantworten, um den Test zu bestehen. Sie haben für den Test 45 Minuten Zeit.
Die Fragen haben eine ähnliche Form wie die Quizfragen am Ende der Module 1 und 2 in diesem Heft. Sie erhalten Multiple-Choice-Aufgaben mit vier Auswahlmöglichkeiten.

Beachten Sie: Bei den 25 Fragen ist immer nur eine Antwort richtig!

	R	F
1. Ich lese zuerst alle Fragen und Antwortmöglichkeiten durch. Wenn ich die richtige Antwort weiß, mache ich ein Kreuz. Wenn ich die richtige Antwort nicht sofort weiß, lese ich die Aufgabe später noch einmal genauer.	○	○
2. Wenn ich bei einer Frage die Antwort nicht sofort weiß, überlege ich solange, bis ich sicher bin, wo ich das Kreuz machen muss. Erst danach lese ich die nächste Aufgabe.	○	○
3. Ich sollte nicht lange nachdenken und die Aufgaben schnell lesen und Antworten, von denen ich glaube, dass sie richtig sind, schnell ankreuzen.	○	○
4. Ich sollte die Aufgaben langsam und sorgfältig lesen.	○	○
5. Auch wenn ich eine Antwort nicht weiß, sollte ich ein Kreuz machen.	○	○
6. Wenn ich alle Fragen beantwortet habe, kontrolliere ich meinen Test noch einmal, bevor ich ihn abgebe.	○	○
7. Wenn ich bei einer Frage nicht sicher bin, sollte ich zwei Kreuze machen.	○	○

Redemittel und Projektideen

Redemittel

Nach der Meinung fragen
- Was meinen Sie?
- Was ist deine Meinung?
- Welche Meinung haben Sie dazu?
- Wie findest du ...?
- Was halten Sie von ...?

Seine Meinung ausdrücken
- Ich finde es gut / nicht gut, dass ...
- Meiner Meinung nach ...
- Ich bin der Meinung, dass ...
- Ich bin der Ansicht, dass ...
- Ich denke / meine, dass ...

Zustimmen
- Das glaube / finde / meine ich auch.
- Dem stimme ich zu. / Ich stimme Ihnen zu.
- Der Meinung bin ich auch.
- Da hast du Recht. / Da gebe ich Ihnen Recht.

Unentschieden sein
- Das kann ich nicht beurteilen.
- Darüber weiß ich nichts.
- Vielleicht haben Sie Recht.
- Ich bin mir nicht sicher, ob das richtig ist.

Gewissheit ausdrücken
- Ich bin mir sicher, dass ...
- Es steht fest, dass ...
- Ohne Frage ist ...
- Es ist keine Frage, dass ...

Vermutungen ausdrücken
- Ich vermute, dass ...
- Es ist möglich / Es kann sein, dass ...
- Möglicherweise ... / Vielleicht ...

Widersprechen
- Nein, das stimmt nicht.
- Das glaube / finde / meine ich nicht.
- Das würde ich anders / nicht so sehen.
- Ich glaube, das sehen Sie falsch.
- Gut, aber ... / Vielleicht, aber ...
- Da habe ich eine andere Meinung.

Wichtigkeit und Unwichtigkeit ausdrücken
- Das ist sehr wichtig.
- Das ist nicht / weniger wichtig.
- Es spielt eine große / keine Rolle, dass ...
- Mir scheint es wichtig / nicht wichtig, dass ...

Etwas vergleichen / Unterschiede ausdrücken
- Im Vergleich zu meinem Heimatland ist Deutschland ...
- Wenn ich ... mit ... vergleiche, kann ich sagen, dass ...
- Anders als bei uns ist es hier so, dass ... / muss man hier darauf achten, dass ...
- Im Gegensatz zu ...
- Ähnlich wie bei ...

Über eigene Erfahrungen berichten
- Mir ist es einmal passiert, dass ...
- Vor einiger Zeit haben wir ...
- Ich habe erlebt, dass ...

Überraschung / Unverständnis ausdrücken
- Es hat mich überrascht, dass ...
- Erstaunlich ist ...
- Ich kann nicht verstehen, dass ...
- Ich finde interessant, dass ...
- Mir ist nicht klar, warum ...

Projektideen

A **Meine Stadt**

1 Wie war das Leben in Ihrem Wohn- oder Kursort zwischen 1933 und 1945? Recherchieren Sie in der Stadtbibliothek, im Internet und im Stadt- oder Heimatmuseum: Wie erlebten die Leute Nationalsozialismus und Krieg? Wie sehr war die Stadt von Deportationen und Zerstörung betroffen?

2 Wie sieht Ihr Wohn- oder Kursort heute aus? Sammeln Sie (bei der Stadtverwaltung, im Internet, im Gespräch mit Leuten ...) Informationen zu den folgenden Fragen:

- Wie viele Einwohner hat Ihr Ort?
- Wie hoch ist der Ausländeranteil?
- Welche Religionsgemeinschaften gibt es?
- Wie funktioniert das Zusammenleben der verschiedenen gesellschaftlichen Gruppen (zum Beispiel zwischen Menschen, die in dem Ort geboren sind, und Zugezogenen, Deutschen und Ausländern, Jüngeren und Älteren)?
- Welche Wirtschaftszweige sind wichtig?

- Welche Parteien sind im Gemeinderat vertreten? Wie viele Sitze haben sie?
- Wie heißt der Bürgermeister/die Bürgermeisterin? Gehört er/sie einer Partei an? Wenn ja, welcher?
- Welche politischen Themen sind aktuell (z. B. Straßenverkehr, finanzielle Unterstützung für Sportvereine oder Kultur, Gebühren für die Müllabfuhr etc.)?
- Welche Aufgaben gibt es für die Zukunft?

3 Sie sollen einer Besuchergruppe Ihren Wohn- oder Kursort zeigen. Stellen Sie ein Besuchsprogramm zusammen. Überlegen Sie:

- Gibt es besondere Sehenswürdigkeiten? Was würden Sie den Besuchern als erstes zeigen?
- Welche Orts- und Stadtteile mit welchen Besonderheiten gibt es?
- Was wissen Sie über die Geschichte des Ortes?
- Gibt es lokale Traditionen, z. B. Volksfeste?

4 Suchen Sie Fotos von Ihrem Wohn- oder Kursort früher und heute. Beschreiben Sie die Veränderungen.

B **Politik**

1 Informieren Sie sich über die aktuelle Politik.

- Welche Bundesministerien gibt es?
- Wer hat welche Ministerposten?
- Wie heißen die Bundestags- und Landtagsabgeordneten aus Ihrer Region? Zu welchen Parteien gehören sie?
- Welche Parteien regieren in Ihrem Bundesland?

- Wer ist Ministerpräsident oder Ministerpräsidentin?
- Welche Landesministerien gibt es? Wie heißen die Landesminister und -ministerinnen?

2 Sammeln Sie die Informationen zu den Ministerien in einer Wandzeitung.

3 Welche Parteien gibt es im Landesparlament in dem Bundesland, in dem Sie wohnen? Wie stark sind die Parteien? Wie heißen die Regierungsparteien?

Lösungen

 Orientierung – Was ist das?

S. 6–7

1b

1. Orientierung im Alltag – **2.** Orientierung im Beruf – **3.** Orientierung in Politik und Geschichte – **4.** Orientierung für die Zukunft

3a

Politik in der Demokratie: Fotos 3, 4 – Geschichte in der Verantwortung: Fotos 2, 5 – Mensch und Gesellschaft: Fotos 1, 6

 MODUL **1 Politik in der Demokratie**

Politik allgemein: S. 8–9

1a

1. Bundestag – **2.** Abgeordnete – **3.** Demokratie – **4.** Grundgesetz – **5.** Sozialsystem – **6.** Rechtsstaat – **7.** Bundespräsident – **8.** Brandenburger Tor – **9.** Parteien

1b

1. Richtig – **2.** Falsch – **3.** Falsch – **4.** Falsch – **5.** Richtig – **6.** Richtig – **7.** Richtig – **8.** Falsch – **9.** Falsch

Die Würde des Menschen: S. 10–12

1

Die Würde des Menschen bedeutet, dass alle Menschen unabhängig von ihrer Herkunft oder ihrem Geschlecht und Alter denselben Wert haben.

2

1. Artikel 3 – **2.** Artikel 4 – **3.** Artikel 5 – **4.** Artikel 16 a – **5.** Artikel 6 – **6.** Artikel 12 – **7.** Artikel 3

3

1 – 2 – 5

4

Absatz 1: Erklärung 1 – Absatz 2: Erklärung 2

5

1. Nein – **2.** Nein – **3.** Nein – **4.** Ja

Vier Grundprinzipien: S. 13

1

2. Absatz 1 – **3.** Absatz 4 – **4.** Absatz 3 – **5.** Absatz 2 – **6.** Absatz 3 – **7.** Absatz 1 – **8.** Absatz 1 – **9.** Absatz 4

Bund, Länder und Gemeinden: S. 14–15

1

1. Schleswig-Holstein – **2.** Hamburg – **3.** Mecklenburg-Vorpommern – **4.** Bremen – **5.** Niedersachsen – **6.** Nordrhein-Westfalen – **7.** Sachsen-Anhalt – **8.** Berlin – **9.** Brandenburg – **10.** Sachsen – **11.** Thüringen – **12.** Hessen – **13.** Rheinland-Pfalz – **14.** Saarland – **15.** Baden-Württemberg – **16.** Bayern

3a

1. A – **2.** B – **3.** B – **4.** A

3c

1. A – **2.** B – **3.** B – **4.** A

4

1. Gemeinde- oder Stadträte
2. Angebote: Stadttheater, Volkshochschulen, Schwimmbäder, Sportanlagen, Stadtbibliotheken – Aufgaben: Müllentsorgung, öffentlicher Nahverkehr
3. Viele Bundes- und Landesbehörden haben in den Städten eigene Ämter und die kommunalen Behörden arbeiten im Auftrag des Bundes oder der Länder.

Die Verfassungsorgane: S. 16–18

1a

Bundespräsident: repräsentiert den Staat, ernennt und entlässt den Bundeskanzler und die Bundesminister, unterschreibt Gesetze, vertritt die Bundesrepublik Deutschland, ernennt Bundesverfassungsrichter, wird alle fünf Jahre von der

Bundesversammlung gewählt – Bundesverfassungsgericht: höchstes deutsches Gericht, Sitz in Karlsruhe, prüft die Gesetze und ob sich der Staat an Gesetze hält, hier kann man klagen, wenn man ein Grundrecht verletzt sieht – Bundestag: wird vom Volk gewählt, wählt den Bundeskanzler mit absoluter Mehrheit, kontrolliert die Regierung, diskutiert und beschließt die Bundesgesetze, stimmt Verträgen mit dem Ausland zu, muss dem Bundeshaushalt zustimmen – Bundesregierung: Bundeskanzler und Bundesminister bilden Regierung, Bundeskanzler hat die meiste politische Macht und bestimmt Richtlinien der Politik, es gibt das Innen- und Außenministerium, das Verteidigungsministerium, das Finanzministerium, das Arbeitsministerium – Bundesrat: Vertreter der Landesregierungen, vertritt Interessen der Bundesländer, entscheidet bei Bundesgesetzen mit

2

1. gesetzgebende Gewalt – **2.** ausführende Gewalt – **3.** rechtsprechende Gewalt

3

1 – **2** – **4**

Unsere Pflichten: S. 19

1b

2. Meldepflicht – **3.** Steuerpflicht – **4.** Fürsorgepflicht – **5.** Respektierung der Gesetze

Staatssymbole: S. 20

1

1. B – **2.** C – **3.** A – **4.** E – **5.** D

Die Parteien: S. 21

1b

SPD: Rechte von Arbeitnehmern, soziale Gerechtigkeit, Chancengleichheit – CDU/CSU: gegründet nach dem Zweiten Weltkrieg, für protestantische und katholische Christen, soziale Gerechtigkeit – FDP / Die Liberalen: gegründet 1948, Bürgerrechte, liberale Wirtschaftspolitik – Bündnis 90 / Die Grünen: gegründet 1980, für erneuerbare Energien, Verbraucherschutz, gegen Atomenergie, für mehr Rechte für Minderheiten – Die Linke: gegründet 2007, demokratischer Sozialismus, soziale Sicherheit

Wahlen in Deutschland: S. 22–23

1

1. Alle vier Jahre. – **2.** Alle deutschen Staatsbürger ab 18 Jahren. – **3.** In dem Ort, wo man wohnt. – **4.** Eine Partei muss mindestens 5 % der Zweitstimmen haben, um in den Bundestag zu kommen. – **5.** Wahlen zeigen, ob die Wähler mit der Regierung zufrieden sind oder nicht.

2a

geheim – gleich – allgemein – unmittelbar – frei

2b

1. Die Wahlen sind frei. – **2.** Die Wahlen sind gleich. – **3.** Die Wahlen sind geheim.

3

1. 93 – **2.** 239 – **3.** 68 – **4.** 146 – **5.** 76

4

1. B – **2.** A – **3.** B – **4.** B – **5.** A

Soziale Sicherheit: S. 24–26

1a

Beispiel:

Alte und kranke Menschen brauchen Hilfe. Menschen, die ihre Arbeit verloren haben, bekommen bei der Agentur für Arbeit Unterstützung.

1b

1. D – **2.** C – **3.** B – **4.** A

2

1. Solidarprinzip bedeutet, dass Menschen mit Arbeit diejenigen unterstützen, die krank sind. – **2.** Sozialabgaben sind die Beiträge, die man für die Sozialversicherung bezahlen muss. – **3.** Arbeitnehmer und Arbeitgeber. – **4.** In der gesetzlichen Krankenversicherung.

3

1. Wohngeld – **2.** Arbeitslosengeld II – **3.** Kindergeld – **5.** Elterngeld

4

1. A – **2.** B – **3.** A – **4.** B – **5.** A

5

1. D – **2.** B – **3.** C – **4.** A

Am Wohnort: S. 27

1

1. Suchtberatung
2. Jugendamt
3. Ordnungsamt
4. Einwohnermeldeamt
5. Berufsinformationszentrum
6. Bundesagentur für Arbeit
7. Standesamt

Öffentlichkeit in der Demokratie: S. 28

1a

1. C: über Hilfsorganisationen
2. B: über Nachrichten im Fernsehen und Radio
3. A: über die Tageszeitung
4. D: über Internetzeitungen und -foren

1b

1. 3 – **2.** 2 – **3.** 4 – **4.** 1

Interessensverbände: S. 29

1a

1. A
2. C
3. B

1b

Gewerkschaften: engagieren sich für Gerechtigkeit, unterstützen Beschäftigte, organisieren Streiks – Mieterbund: vertritt Mieter, bezahlbare Mieten, informiert die Öffentlichkeit über Miet- und Wohnrecht, bietet Beratung an – Verbraucherzentralen: vertreten Verbraucher, tragen Anliegen an die Öffentlichkeit, weisen auf Missstände hin, setzen Verbraucherrechte vor Gericht durch, Verbraucherberatung

Engagement am Wohnort: S. 30

1

1. Mitbestimmung vor Ort
2. Ehrenamtliches Engagement

2

1. C – **2.** D – **3.** B – **4.** A

Modul 1: Abschlussquiz: S. 32–33

1. A – **2.** B – **3.** A – **4.** D – **5.** C – **6.** D – **7.** C –
8. B – **9.** C – **10.** C – **11.** A – **12.** B – **13.** C –
14. Angela Merkel – **15.** Joachim Gauck –
16. individuell

MODUL **2** **Geschichte und Verantwortung**

Der Nationalsozialismus und seine Folgen: S. 34–37

1

1. C – **2.** E – **3.** D – **4.** F – **5.** G – **6.** A – **7.** B

2

1. Diktatur – **2.** NSDAP – **3.** Holocaust –
4. Auschwitz – **5.** Rassismus – **6.** Widerstand

3a

1. Hitlers Weg zur Macht – **2.** Rassenpolitik und Judenverfolgung – **3.** Der Zweite Weltkrieg –
4. Der deutsche Widerstand

3b

1. Falsch – **2.** Richtig – **3.** Falsch – **4.** Richtig –
5. Falsch – **6.** Richtig

4a

1. Stolperstein – **2.** Holocaust-Mahnmal –
3. Gedenktag

5

Markus Roth: Damals sind schreckliche Dinge passiert. – Carla Petersmeyer: Deutsche müssen aufmerksam sein, wenn Neonazis aktiv werden.

Die Jahre 1945–1949: S. 38

1

1. B
2. A
3. C

2

1. Frankreich, Großbritannien, Sowjetunion, USA –
2. Ab Herbst 1945. – **3.** Die D-Mark. – **4.** Die überlebenden Führer der NS-Zeit. – **5.** Sie räumten die zerstörten Städte auf. – **6.** Über die Luftbrücke wurde West-Berlin mit Flugzeugen versorgt.

Die Jahre der Teilung: 1949–1989: S. 39–41

1

1. B – **2.** C – **3.** A – **4.** E – **5.** F – **6.** D

2a

Das Jahr 1949: Die Deutsche Demokratische Republik (DDR) entsteht am 7. 10. 1949 als sozialistischer Staat, der sich an der Sowjetunion orientiert. – Die fünfziger Jahre: Am 17. Juni 1953 gehen in der DDR Arbeiter auf die Straße. Sie protestieren gegen die Regierung und fordern u. a. freie Wahlen. Die Wirtschaft wächst immer schneller und in der Bundesrepublik Deutschland fehlen Arbeitskräfte. Es ist die Zeit des Wirtschaftswunders, der Lebensstandard steigt. – Die sechziger Jahre: Nachdem viele Menschen in den Westen geflohen sind, baut die DDR am 18. 8. 1961 die Berliner Mauer. – Die siebziger Jahre: Berühmt geworden ist der Kniefall von Willy Brandt vor dem Denkmal im Warschauer Ghetto. Damit bat er die Polen bzw. die polnischen Juden im Namen aller deutschen um Vergebung für die Verbrechen der Nationalsozialisten.

2b

2. F – **3.** B – **4.** G – **5.** D – **6.** E – **7.** A

Deutschland seit 1989: S. 42–44

1

1. E – **2.** A – **3.** C – **4.** B – **5.** F – **6.** D

2

1. Sie flüchteten über die österreichisch-ungarische Grenze und besetzten westdeutsche Botschaften. – **2.** Im Dezember 1989. – **3.** Die Alliierten aus dem Zweiten Weltkrieg. – **4.** Am 2. Dezember 1990. – **5.** Das Ministerium für Staatsicherheit in der DDR. Es überwachte DDR-Bürger.

3

Beispiel:

1. Er/Sie fühlt eine Distanz zwischen Ost- und Westdeutschen. – **2.** Er/Sie findet die Wiedervereinigung gut, aber sie ging zu schnell. Er/Sie glaubt, dass die Westdeutschen zu wenig über das Leben in der DDR wissen. – **3.** Er/Sie denkt, dass Ost und West zusammengehört, aber dass es immer noch Unterschiede zwischen Ost- und Westdeutschen gibt. Er/Sie meint, dass in der DDR nicht alles schlecht war.

4

Man erfährt, dass die Löhne der Ostdeutschen immer noch ein Viertel unter denen der Westdeutschen liegen.

5

1. Gerhard Schröder.

2. Seit 2005.

3. Zur CDU.

Deutschland und Europa: S. 45–46

1

1. C – **2.** A – **3.** D – **4.** B

2

1. C – **2.** D – **3.** B – **4.** E – **5.** A

Modul 2: Abschlussquiz: S. 48–49

1. B – **2.** B – **3.** C – **4.** B – **5.** C – **6.** C – **7.** B – **8.** D – **9.** C – **10.** B – **11.** B – **12.** D – **13.** B – **14.** A – **15.** B – **16.** D

MODUL 3 Mensch und Gesellschaft

Alltagskultur: S. 50–51

5

1. Richtig – **2.** Falsch – **3.** Falsch – **4.** Richtig – **5.** Falsch – **6.** Richtig – **7.** Falsch – **8.** Falsch – **9.** Richtig

Zwischen den Kulturen?: S. 52–53

1a

1. Deutschland – **2.** China – **3.** Irak – **4.** Kasachstan – **5.** Mexiko

1b

1. Richtig – **2.** Falsch – **3.** Falsch – **4.** Falsch – **5.** Richtig – **6.** Falsch – **7.** Richtig – **8.** Richtig

4

1. Berlin, Hamburg, Bremen, Hessen

2. In den neuen Bundesländern.

3. Migranten sind Menschen, die nach Deutschland zugewandert sind.

Zusammenleben und Familie: S. 54–55

2a

1. A – **2.** E – **3.** B – **4.** D – **5.** C – **6.** F

2b

1. wollen Kinder haben, Ehe ist aber nicht wichtig
2. haben zwei Kinder, sind verheiratet, finden die Ehe wichtig (gibt Sicherheit)
3. ist geschieden, die Kinder sind bei ihr, die Situation ist besser als früher
4. leben zusammen, wollen ihre Partnerschaft beim Standesamt eintragen (gibt mehr Sicherheit)
5. ist nicht verheiratet, ist allein glücklicher
6. ist zum zweiten Mal verheiratet, hat Patchworkfamilie

4

1. Absatz 5
2. Absatz 1
3. Absatz 4
4. Absatz 2
5. Absatz 3

Gleichberechtigung und Gleichbehandlung: S. 56–57

1a

1. Falsch – **2.** Richtig – **3.** Falsch – **4.** Falsch

1b

Beispiel:

Man erfährt, dass Männer und Frauen in der heutigen Zeit in der Familie und im Berufsleben gleichberechtigt sind. Vor 50 Jahren war das noch anders.

2

1. A, D, E, H, I
2. A, C

4

1, 3

Die Kindererziehung, Elternhaus und Schule: S. 58–59

4

1. Motivation – **2.** Selbstbestimmung –
3. Respekt und Toleranz – **4.** Verantwortung

6

1. Kinder sollen nicht nur Fachwissen lernen, sondern auch auf das Leben als Erwachsene vorbereitet werden. – **2.** Ihre Kinder auf die Zukunft vorzubereiten. Sie sollten sich auch für das Schulleben der Kinder interessieren. – **3.** Weil man ohne Abschluss keine Chance auf dem Arbeitsmarkt hat. – **4.** Am Morgen kontrolliert sie, ob ihr Sohn alles für die Schule eingepackt hat. Am Nachmittag kontrolliert sie, ob er seine Hausaufgaben gemacht hat. – **5.** Dass er seine Fehler genau anschauen soll. – **6.** Weil sich seine Eltern getrennt haben. – **7.** Sie haben mit seinem Vertrauenslehrer gesprochen.

Weiterbildung: S. 60

1a

1. Weiterbildungsangebote an der VHS
2. Gutschein für mehr Bildung

1b

1. Weil man in fast allen Berufen immer neue Fachkenntnisse braucht.
2. Für Menschen, die nur wenig Geld verdienen.

2

1. C – **2.** A – **3.** B

Wir werden immer älter: S. 61

2

Beispiel:

Ältere Menschen in Deutschland haben viele Möglichkeiten. Sie können in einen Verein eintreten und zum Beispiel am Sportprogramm oder in der Theatergruppe teilnehmen. Ältere Menschen können in einem Altersheim wohnen, wenn sie nicht allein leben wollen.

Interkulturelle Kompetenz: S. 62–63

1a

1. C – **2.** E – **3.** B – **4.** A – **5.** D

1b

2. Text 1 – **3.** Text 3 – **4.** Text 4 – **5.** Text 2

3

1. Kulturelle Unterschiede gibt es auf Grund der Geschichte, des wirtschaftlichen und politischen Systems und im Alltagsleben. – **2.** Interkulturelle Kompetenz ist die Fähigkeit, interkulturelle Unterschiede zu verstehen und in einer fremden Kultur so zu handeln, dass man Erfolg hat. – **3.** Man muss für die fremde Kultur offen und bereit sein, sie zu verstehen.

Zusammenleben in der Nachbarschaft: S. 64

1

Beispiel:

A. Müll liegt vor der Tür. – **B.** Aus einer Wohnung kommt laute Musik. – **C.** Leute grillen auf dem Balkon und den Nachbarn in der Wohnung darüber stört das. – **D.** Mopeds und Fahrräder sind im Treppenhaus. – **E.** Auf dem Spielplatz vor dem Haus sind große Hunde.

2

Eine Hausordnung ist wichtig, weil sie das Zusammenleben aller Mitbewohner regelt. Durch die Hausordnung soll es keine Streits und Konflikte geben. Wenn alle aufeinander Rücksicht nehmen, fühlen sich die Bewohner wohl.

3

1. A – **2.** C – **3.** D – **4.** B – **5.** E

Recht im Alltag: S. 65

1

A. Text 1 – **B.** Text 4 – **C.** Text 3 – **D.** Text 2 – **E.** Text 1 – **F.** Text 4

Religiöse Vielfalt: S. 66–67

1

1. F – **2.** B – **3.** A – **4.** E – **5.** D – **6.** C – **7.** G

2

1. Moschee – **2.** Martin Luther – **3.** Synagoge – **4.** Guru – **5.** Tempel – **6.** Papst – **7.** Ikonostase

4

1. Weil Deutschland eine christliche Tradition und das Christentum die deutsche und europäische Kultur geprägt hat.

2. Weil der Staat Kirchensteuer einzieht, wenn man einer Konfession angehört.

3. Es gibt christlichen, jüdischen und in manchen Bundesländern auch islamischen Religionsunterricht.

6a

1. und 2. Weihnachtsfeiertag, Karfreitag, Ostern, Christi Himmelfahrt, Pfingsten

Die Zeit: S. 68

2a

A: In anderen Kulturkreisen neigt man dazu, viele Aufgaben gleichzeitig zu erledigen.

B: Man erledigt eine Aufgabe nach der anderen und konzentriert sich auf eine Aufgabe.

Modul 3: Abschlussquiz: S. 70–71

1. B, C – **2.** A, C – **3.** A, D – **4.** B, D – **5.** A, C – **6.** B, C – **7.** C, D – **8.** C, D – **9.** A, D – **10.** B, D – **11.** A, C – **12.** C, D

Der Orientierungskurs – Eine Bilanz: S. 72–73

3

1. Richtig – **2.** Falsch – **3.** Falsch – **4.** Richtig – **5.** Richtig – **6.** Richtig – **7.** Falsch

Glossar

A

Abgeordnete/r So nennt man die Parlamentsmitglieder, die von den Bürgern und Bürgerinnen gewählt werden.

Alliierte Die vier Alliierten Frankreich, Großbritannien, die Sowjetunion und die USA waren nach dem Zweiten Weltkrieg die Alliierten Besatzungsmächte in Deutschland.

Arbeitgeber/in Arbeitgeber sind Behörden, Firmen oder Personen, die anderen, den Arbeitnehmern, eine Arbeitsstelle geben.

Arbeitnehmer/in Arbeitnehmer sind Personen, die bei einem Arbeitgeber arbeiten.

B

Behörde Eine Behörde ist eine staatliche Institution, z. B. das Ordnungsamt.

Bescheid So nennt man Informationen von Behörden. Das Finanzamt z. B. schickt einmal jährlich einen Steuerbescheid, so dass man weiß, wie viel Steuern man zahlen muss.

Bundeskanzler/in Er oder sie ist der Regierungschef / die Regierungschefin der Bundesrepublik Deutschland.

Bundesland/-länder Die Bundesrepublik besteht aus 16 Bundesländern. Jedes Bundesland hat eine eigene Regierung. Eine Aufgabe der Bundesländer ist die Schulpolitik.

Bundespräsident/in So nennt man das deutsche Staatsoberhaupt. Der Bundespräsident oder die Bundespräsidentin repräsentiert den Staat und ernennt die Minister/innen.

Bundesrat Eines der Verfassungsorgane. Er vertritt die Interessen der Bundesländer. Über den Bundesrat wirken die Bundesländer an der Gesetzgebung mit. Im Bundesrat sitzen Regierungsvertreter der Bundesländer.

Bundesregierung So nennt man die Regierung für ganz Deutschland. Sie hat ihren Sitz in Berlin.

Bundesrepublik Deutschland ist eine Bundesrepublik. Das heißt, das Land hat einen Präsidenten und besteht aus 16 Bundesländern, die zusammen einen Bund, die Bundesrepublik Deutschland bilden. Sie wurde 1949 gegründet. Ihre heutigen Grenzen hat sie seit 1990.

Bundesstaat Dieses Wort kommt in Artikel 20 des Grundgesetzes vor. Es bedeutet, dass sich die 16 Bundesländer zu einem Staat zusammengeschlossen haben.

Bundestag So nennt man das Parlament für ganz Deutschland. Er hat seinen Sitz in Berlin. Er entwirft Gesetze, kontrolliert die Bundesregierung und wählt den Bundeskanzler / die Bundeskanzler/in.

Bundestagswahl	In Deutschland finden alle vier Jahre Wahlen zum deutschen Bundestag statt. Diese Wahlen nennt man Bundestagswahlen. Bürgerinnen und Bürger der Bundesrepublik Deutschland dürfen ab 18 Jahren wählen.
Bundesverfassungsgericht	Es ist das höchste deutsche Gericht und hat seinen Sitz in Karlsruhe. Es ist für die Auslegung des Grundgesetzes zuständig.
Bundesversammlung	Sie tritt alle fünf Jahre zusammen, um den Bundespräsidenten zu wählen. In der Bundesversammlung sind alle Abgeordneten des Bundestages sowie Vertreter der Bundesländer.
Bündnis 90/ Die Grünen	Eine der deutschen Parteien im Bundestag. Sie setzt sich u. a. für den Umweltschutz ein.
Bürger/in	So nennt man die Einwohner in einem Land oder in einer Stadt. Manchmal meint man mit Bürgern auch die Personen, die den Pass eines Landes haben, also die Staatsbürger.
Bürgerinitiative	Bürgerinitiativen sind Organisationen von Bürgern, die ein bestimmtes Ziel erreichen wollen, z. B. den Bau von mehr Spielplätzen in einem Ort.

C

CDU	Eine der deutschen Parteien im Bundestag. Sie hat eine christliche Wertegrundlage. Die Abkürzung bedeutet Christlich Demokratische Union.
Christentum	Eine der Weltreligionen. Deutschland hat eine christliche Tradition, die meisten Menschen in Deutschland gehören dem Christentum an. Das Christentum hat die europäische Kultur geprägt.
CSU	Eine der deutschen Parteien im Bundestag. Sie hat wie die CDU eine christliche Wertegrundlage, aber es gibt sie nur in Bayern. Die Abkürzung bedeutet Christlich Soziale Union.

D

DDR	Der frühere Staat im Osten von Deutschland (1949–1990). Die Abkürzung bedeutet Deutsche Demokratische Republik.
Demokratie	Staatsform, in der der Wille der Mehrheit der Bevölkerung für die Politik entscheidend ist. In einer Demokratie werden die Parlamente und die Regierungen durch Wahlen bestimmt.
Demonstration	Versammlung von mehreren Personen in der Öffentlichkeit, um eine Meinung zu einem bestimmten Thema zu äußern. Das Demonstrationsrecht gehört in Deutschland zu den Grundrechten.
Die Linke	Eine der deutschen Parteien im Bundestag. Sie ist für einen demokratischen Sozialismus.

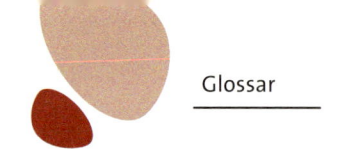

Diktatur	Staatsform, in der die Regierung und die Parlamente nicht demokratisch gewählt sind. An der Spitze steht eine Person, die ohne Kontrolle unbegrenzte Macht hat. Ein Beispiel ist die nationalsozialistische Herrschaft in Deutschland von 1933–1945.
Diskriminierung	Nachteile für bestimmte Personen oder Gruppen in einer Gesellschaft. Diskriminierung erfolgt z. B., wenn eine Frau, die ein kleines Kind hat, eine Arbeitsstelle nicht bekommt, weil sie Mutter ist, oder wenn jemand eine Stelle nicht bekommt, weil er oder sie eine dunkle Hautfarbe hat.
Drittes Reich	Bezeichnung für den nationalsozialistischen Staat in Deutschland von 1933–1945.

E

Einheit	Zusammenschluss der Bundesrepublik Deutschland und der DDR am 3. Oktober 1990. Seitdem ist der 3. Oktober als Tag der deutschen Einheit Nationalfeiertag.
Einwohner-meldeamt	Behörde, bei der man seinen Wohnsitz anmelden muss, z. B. wenn man umgezogen ist.
Europäische Union	Zusammenschluss von Europäischen Staaten. Abkürzung: EU. Sie wurde 1957 gegründet und hat zurzeit 27 Mitglieder. Deutschland ist eines der Gründungsmitglieder.
Europäisches Parlament	Das Parlament der Europäischen Union. Es hat seinen Sitz in Straßburg, es arbeitet aber auch in Luxemburg und Brüssel. Es wird alle fünf Jahre von den EU-Bürgern gewählt.
Exekutive	Die Exekutive ist in der Gewaltenteilung die ausführende Gewalt. Zu ihr gehören u. a. die Bundes- und die Landesregierungen.

F

FDP	Eine der Parteien im Bundestag. Die FDP setzt sich für möglichst wenig Kontrolle durch den Staat ein. Die Abkürzung bedeutet Freie Demokratische Partei.
Finanzamt	Behörde, bei der man jedes Jahr die Steuererklärung abgibt.
Flagge	Staatssymbol. Die deutsche Flagge hat die Farben Schwarz-Rot-Gold.
Fraktion	So nennt man die Vereinigung von Abgeordneten einer Partei im Parlament.
Freizügigkeit	Das Recht der Bürger, ihren Wohnort selbst auszusuchen.

G

Gehaltsvorstellung	Bei einem Bewerbungsgespräch fragen Arbeitgeber oft, wie viel man verdienen möchte bzw. welche Gehaltsvorstellung der Bewerber hat. Dieser sollte sich vor dem Gespräch informieren, wie viel Geld man in dem Beruf verdient, damit er die Frage beantworten kann.

Gemeinde	Politisches und geographisches Verwaltungsgebiet. Gemeinden sind in Deutschland nach Bund und Ländern die unterste Verwaltungsebene. Das Oberhaupt einer Gemeinde ist der Bürgermeister.
Gericht	Institution, die Recht spricht. An der Spitze der Gerichte stehen die Richter, die einen Prozess leiten. Gerichte gehören in der Gewaltenteilung zur Judikative.
Gesetzgebung	So nennt man den Prozess, in dem Gesetze entstehen. Die Parlamente diskutieren die Gesetze und beschließen sie.
Gewerkschaft	Organisation, die die Interessen der Arbeitnehmer und Arbeitnehmerinnen vertritt.
Gleichbehandlung	So nennt man den Grundsatz, dass in Deutschland niemand z. B. wegen einer Behinderung benachteiligt werden darf. Ungleichbehandlung ist in Deutschland per Gesetz verboten.
Grundgesetz	So nennt man die deutsche Verfassung. Sie garantiert den Bürgern Grundrechte und beschreibt die Grundlagen des deutschen Staates. Das Grundgesetz gibt es seit 1949.
Grundrecht	Die Grundrechte sind Rechte, die der Staat seinen Bürgern garantiert. Dazu gehören u. a. die Menschenwürde, die Meinungs- und Pressefreiheit und die Glaubens- und Gewissensfreiheit (Religionsfreiheit). In Deutschland stehen sie in den Artikeln 1–19 des Grundgesetzes.

I

Interessenverbände	Organisationen, in denen Personen oder Institutionen zusammenarbeiten, um sich für gemeinsame Interessen zu engagieren. Ein Beispiel sind die Gewerkschaften, die die Interessen der Arbeitnehmer und Arbeitnehmerinnen vertreten.
Islam	Eine der Weltreligionen. In Deutschland leben zurzeit ca. 3,5 Millionen Menschen, die zum Islam gehören.

J

Judentum	Eine der Weltreligionen. 1933–1945 wurden die Juden von den Nationalsozialisten diskriminiert und verfolgt. Zurzeit sind in Deutschland ca. 100 000 Menschen Mitglieder in jüdischen Gemeinden.
Judikative	Die Judikative ist in der Gewaltenteilung die rechtsprechende Gewalt. Dazu gehören in Deutschland die Gerichte mit den Richtern und Richterinnen.
Jugendamt	Behörde mit der Aufgabe, Kinder und Jugendliche zu schützen. Es hat das Recht, Kinder von den Eltern zu entfernen, wenn sich diese nicht um die Kinder kümmern. Es bietet bei Erziehungsproblemen auch Beratung an.

K

Kanzler/in
Kurzform für Bundeskanzler/in, den Chef / die Chefin der deutschen Bundesregierung.

Kindergeld
In Deutschland bekommen Eltern vom Staat Geld für ihre Kinder, das Kindergeld.

L

Landtagsabgeordnete/r
So nennt man die Mitglieder in den meisten Parlamenten der Bundesländer.

Legislative
Die Legislative ist in der Gewaltenteilung die gesetzgebende Gewalt. Dazu gehören u. a. der Bundestag und der Bundesrat.

Luftbrücke
Von Juni 1948 bis Februar 1949 unterbrach die Sowjetunion den Verkehr nach West-Berlin auf dem Landweg. In dieser Zeit wurde West-Berlin von Westdeutschland aus über eine Luftbrücke versorgt, das heißt durch Flugzeuge der Westalliierten.

M

Marktwirtschaft
Die Wirtschaftsform in Deutschland nennt man soziale Marktwirtschaft. Sie richtet sich nach Angebot und Nachfrage, aber der Staat sorgt für sozialen Ausgleich.

Meinungsfreiheit
Eines der Grundrechte. Jeder hat das Recht, seine Meinung frei zu sagen, z. B. in Leserbriefen, auch wenn sie gegen die Regierung ist. Sie ist in Artikel 5 des Grundgesetzes festgelegt.

Menschenwürde
Menschenwürde bedeutet, dass alle Menschen unabhängig von ihrer Herkunft oder ihrem Glauben dieselben Menschenrechte haben. Artikel 1 des Grundgesetzes legt fest, dass die Menschenwürde unantastbar ist.

Minister/in
So nennt man die Mitglieder in der Bundesregierung und den Landesregierungen, die für einen bestimmten Bereich zuständig sind, z. B. Wirtschaft oder Arbeit.

Ministerium
Regierungsbehörde, die für einen bestimmten Bereich zuständig ist, z. B. Wirtschaft oder Arbeit. Der Chef eines Ministeriums ist ein Minister oder eine Ministerin.

Ministerpräsident/in
So nennt man in den meisten Bundesländern den Regierungschef oder die Regierungschefin.

Monarchie
Staatsform, in der das Staatsoberhaupt kein Präsident sondern ein Monarch ist, z. B. ein König oder eine Königin. Gegenteil: Republik.

N

Nationalhymne — Eines der Staatssymbole. Der Text stammt von Heinrich Hoffmann von Fallersleben. Sie beginnt mit den Worten: „Einigkeit und Recht und Freiheit…".

Nationalsozialisten — Mitglieder der NSDAP mit Adolf Hitler an der Spitze. Die Nationalsozialisten waren in Deutschland von 1933 bis 1945 an der Macht.

O

Opposition — In den Parlamenten in Deutschland unterstützen nicht alle Parteien die Regierung. Diese Parteien nennt man die Opposition. Sie kontrollieren die Regierung.

Ordnungsamt — Behörde in einer Gemeindeverwaltung.

P

Parlament — So nennt man die Vertretung des Volkes. Das Parlament für ganz Deutschland ist der Bundestag. Er wählt den Bundeskanzler / die Bundeskanzlerin und beschließt Gesetze.

Partei — So nennt man die politischen Organisationen, die die Bürger bei den Wahlen für die Parlamente wählen können. Bei Landtags- und Bundestagswahlen muss eine Partei mindestens 5 % der Stimmen haben, um ins Parlament zu kommen (5 %-Hürde).

Premierminister/in — So nennt man in vielen Ländern die Regierungschefs, z. B. in Großbritannien. Für Deutschland verwendet man dieses Wort nicht. Man spricht von Bundeskanzler/in bzw. Ministerpräsident/in.

Pressefreiheit — So nennt man das Recht der Medien (Zeitungen, Fernsehen, Rundfunk etc.), ihre Meinung frei zu schreiben bzw. zu sagen. Sie ist eines der Grundrechte. Sie gehört zur Meinungsfreiheit und kann nicht abgeschafft werden.

Pressezensur — Das Gegenteil von Pressefreiheit. Der Staat kontrolliert die Meinungen in den Medien. Sie ist kein Teil der Demokratie. Pressezensur gab es z. B. in der Zeit des Nationalsozialismus.

R

Rechtsstaat — In einem Rechtsstaat müssen sich nicht nur die Einwohner, sondern auch die Behörden und die Regierung an die Gesetze halten.

Regierung — Nach dem Staatsoberhaupt die höchste Institution des Staates, die die Politik bestimmt. Sie besteht aus dem Regierungschef und den Ministern.

Regierungschef/in — Der Chef oder die Chefin einer Regierung. In Deutschland sind das der Bundeskanzler / die Bundeskanzlerin und die Ministerpräsidenten/-innen.

Reichstagsgebäude — Gebäude im Zentrum von Berlin. Heute Sitz des Deutschen Bundestages.

Religionsfreiheit	Das Recht der Bürger, ihre Religion frei ohne Einfluss durch den Staat zu wählen und auszuüben. Eltern dürfen z. B. frei entscheiden, ob ihr Kind am Religionsunterricht teilnimmt.
Religionsgemeinschaft	Zu einer Religionsgemeinschaft zählen alle Personen, die zu einer bestimmten Religion gehören, z. B. zum Christentum, zum Islam oder zum Judentum.
Rentner/innen	Eine Person, die aufgehört hat zu arbeiten und Rente bekommt. In Deutschland ist das Rentenalter 65 und steigt bald auf 67.
Republik	Staatsform, in der das Staatsoberhaupt ein Präsident ist, in Deutschland der Bundespräsident. Gegensatz: Monarchie.

S

Schulpflicht	Jedes Kind muss in Deutschland mit sechs Jahren in die Schule gehen. Dafür sind die Erziehungsberechtigten verantwortlich.
Schweigepflicht	Bestimmte Berufsgruppen, z. B. Ärzte, haben Schweigepflicht. Das heißt, sie dürfen keine Informationen über ihre Patienten an Dritte weitergeben.
sozial	Dieses Wort steht in Verbindung mit allen Maßnahmen, die dafür sorgen sollen, dass Menschen in Not Hilfe bekommen. So soll die Sozialversicherung für soziale Sicherheit sorgen, für die Arbeitgeber und Arbeitnehmer Sozialabgaben zahlen (Krankenversicherung, Pflegeversicherung etc.). In Artikel 20, Absatz 1 des Grundgesetzes heißt es: „Die Bundesrepublik Deutschland ist ein demokratischer und sozialer Bundesstaat." Damit ist im Grundgesetz garantiert, dass Deutschland ein Sozialstaat ist.
sozialistisch	Die ehemalige DDR verstand sich als sozialistisch, d. h. das Wirtschaftssystem basierte nicht auf privatem Eigentum, sondern auf staatlicher Kontrolle. Die heutige Bundesrepublik Deutschland ist kein sozialistischer Staat.
Sozialversicherung	So nennt man die Versicherungen, die Arbeitgeber und Arbeitnehmer zahlen. Dazu gehören die Kranken-, Arbeitslosen-, Renten- und Pflegeversicherung. Sie wird mit Sozialabgaben finanziert und man bezahlt sie automatisch, wenn man fest angestellt ist.
SPD	Eine der Parteien im deutschen Bundestag. Sie vertritt u. a. die Interessen von Arbeitnehmern. Die Abkürzung bedeutet Sozialdemokratische Partei Deutschlands.
Staat	So nennt man alle Institutionen, die zur öffentlichen Verwaltung (Ämter, Behörden) und zu den politischen Institutionen (Parlamente, Regierungen) gehören.
Staatsoberhaupt	So nennt man die Person, die den Staat repräsentiert. In Deutschland ist der Bundespräsident das Staatsoberhaupt.
Standesamt	Behörde für Familien- und Ehesachen. Standesämter sind unter anderem für Heiraten zuständig.

Stimme	Kurzform für Wählerstimme. Bei einer Wahl hat jede Person, die wählen darf, eine oder mehrere Stimmen. Bei der Bundestagswahl z. B. hat jeder Wähler zwei Stimmen.

V

Verfassung	In der Verfassung stehen die grundlegenden Gesetze eines Staates, über den Staatsaufbau und die Regierungsform. Außerdem stehen die wichtigsten Rechte und Pflichten der Bürger in der Verfassung. Die deutsche Verfassung heißt Grundgesetz.
Versammlungs-freiheit	Sie gehört zu den Grundrechten. In Artikel 8, Absatz 1 heißt es: „Alle Deutschen haben das Recht, sich ohne Anmeldung oder Erlaubnis friedlich und ohne Waffen zu versammeln."
Verwaltung	Eine Verwaltung ist für die Organisation zuständig. Eine Gemeinde- oder Stadtverwaltung z. B. sorgt dafür, dass in dem Ort alles funktioniert, wie die Müllabfuhr. Die Verwaltung bietet auch Serviceleistungen für Bürger, z. B. stellt sie Pässe aus. Standesämter und Ordnungsämter gehören zur Gemeindeverwaltung.
Volkssouveränität	Sie bildet die Grundlage für alle Aktivitäten des Staates. Im Grundgesetz, Art. 20, Absatz 2 heißt es: „Alle Staatsgewalt geht vom Volke aus." Das bedeutet, dass die Basis für staatliches Handeln die Wahlen zu den Parlamenten sind.

W

Wahlrecht	Jeder Deutsche hat ab 18 Jahren das aktive Wahlrecht, also das Recht, bei den Wahlen für die Parlamente seine Stimme abzugeben. Das aktive Wahlrecht ist ein Recht, keine Pflicht. Man kann also wählen, muss aber nicht.
Währung	Das Geld, mit dem man in einem Land bezahlen kann. Die Währung in Deutschland ist der Euro. Bis 2002 hieß die Währung Deutsche Mark.
Wappen	Eines der Staatssymbole. Das deutsche Wappentier ist der Adler.

Z

Zweiter Weltkrieg	Krieg in Europa und in der Welt von 1939 bis 1945. Hauptgegner in Europa waren Deutschland auf der einen Seite sowie Frankreich, Großbritannien, die Sowjetunion und die USA auf der anderen.

Bildquellenverzeichnis

S.7 © Fotolia (RF), Erika Walsh (1); © Wikipedia, GNU, Lear 21 (2); © Wikipedia, Creative Commons, Eilmeldung (3); © Wikipedia, Bayernnachrichten.de, Alexander Hauk (4); © Wikipedia, Gemeinfrei, US Government (5); © Fotolia (RF), Pavel Losevsky (6) – S.8 © Berlin Partner/FTB-Werbefotografie (Reichstag); © Wikipedia, Creative Commons, Kemmi.1 (Bundestag); © Wikipedia, Bayernnachrichten.de (Wahllokal); © Wikipedia, Gemeinfrei, Leipnizkeks (Grundgesetz); © Fotolia (RF), Sport Moments (Versichertenkarte) – S.9 © Wikipedia, Creative Commons, FRZ (Christian Wulff); © Wikipedia, European Central Bank (1 Euro, 50 Cent) – S.10 © iStockphoto (RF), Jaren Wicklund (Familie); © Fotolia (RF), Steve Lovegrove (Baby); © Fotolia (RF), Susanne Güttler (Obdachloser); © Fotolia (RF), karaboux (Fotografen); © Fotolia (RF), philidor (Kinder); © Fotolia (RF), Franz Pluegl (Jugendliche) – S.12 © iStockphoto (RF), Tatiana Gladskikh (Streit); © iStockphoto (RF), Chris Hepburn (Jugendlicher); © Fotolia (RF), Gerald Jöhri (Polizei); © Fotolia (RF), M&S Fotodesign (Kündigung) – S.14 © Wikipedia, Gemeinfrei (Wappen); © Cornelsen Verlag, V. Binder (Karte) – S.16 © Berlin Partner/FTB-Werbefotografie (Schloss Bellevue, Reichstagskuppel) – S.17 © Wikipedia, Creative Commons, Patrick Jayne and Thomas (Bundesrat) – S.19 © Wikipedia, GNU, Frank Vincentz (Finanzamt); © Fotolia (RF), pressmaster (Schulkinder); © Fotolia (RF), atlang (Vater); © Wikipedia, Gemeinfrei, Bundesministerium des Innern (Personalausweis); © Wikipedia, Gemeinfrei, Bundeszentrale für politische Bildung/bpb (Grundgesetz) – S.20 © Wikipedia, GNU, Silver Spoon (A); © Berlin Partner/FTB-Werbefotografie (B); © Wikipedia, Gemeinfrei, Österreichische Nationalbibliothek (C); © Fotolia (RF), Deminos (D); © Wikipedia, Creative Commons, Oliver Wolters (E) – S.22 © Wikipedia, GNU, Cristian Horvat – S.23 © Wikipedia, Gemeinfrei, Brühl (oben); © Wikipedia, TomKidd (unten) – S.24 © Fotolia (RF), Gina Sanders (A); © Fotolia (RF), Tottigraf (B); © Fotolia (RF), Visionär (D) – S.26 © iStockphoto (RF), acilo (A); © Fotolia (RF), Irina Fischer (B); © Fotolia (RF), mapoli-photo (C); © Fotolia (RF), Gago (D) – S.27 © Wikipedia, GNU, Mathias Bigge (oben, Bundesagentur für Arbeit); © Wikipedia, Gemeinfrei, self-work (oben, Ordnungsamt); © Wikipedia, GNU, Bubo (oben, Standesamt); © Fotolia (RF), Marzanna Syncerz (unten, Spielplatz); © Fotolia (RF), Mirko Raatz (unten, Bibliothek); © Fotolia (RF), hachmeister (unten, Theater); © Fotolia (RF), FrankU (unten, Schwimmhalle) – S.34 © Wikipedia, Creative Commons, Deutsches Bundesarchiv (oben links); © Wikipedia, Creative Commons, Edward Valachovic (unten links); © Wikipedia, Creative Commons, WiNG (rechts) – S.35 © Wikipedia, Creative Commons, Deutsches Bundesarchiv (A, C, E, F); © Wikipedia, Gemeinfrei, Lt. Moore (B); © Wikipedia, Gemeinfrei, Hans Sönnke (D); © Wikipedia, Gemeinfrei, Csedition (G, links) – S.37 © Wikipedia, Creative Commons, James Steakley (oben); © Wikipedia, Gemeinfrei, John C. Watkins V (Mitte) – S.38 © Cornelsen Verlag, V. Binder (A); © Wikipedia, Gemeinfrei, Michael M. Dean (B); © Wikipedia, Gemeinfrei (C) – S.39 © Wikipedia, Creative Commons, Deutsches Bundesarchiv (A, C, F); © Fotolia (RF), Jürgen Priewe (B) – S.40 © Wikipedia, Gemeinfrei, St. Krekeler (oben) – S.41 © Wikipedia, Gemeinfrei, Deutsche Post AG (unten rechts) – S.42 © Wikipedia, Creative Commons, Deutsches Bundesarchiv (A, B, D, F); © Wikipedia, GNU, Lear21 (C) – S.45 © Fotolia (RF), Yvonne Boqdanski (A); © Wikipedia, Creative Commons, Felix König (B); © Wikipedia, Creative Commons, Eric Chan (C); © Wikipedia, Creative Commons, Jlogan (D) – S.46 © Cornelsen Verlag, V. Binder (Karte) – S.50 © Fotolia (RF), auremar (oben links) – S.52 (von oben nach unten): © Fotolia (RF), Fotograv A. Gravante; © Fotolia (RF), lefebvre jonathan; © Fotolia (RF), alephnull; © Fotolia (RF), Milan Jurkovic; © iStockphoto (RF), daniel rodriguez – S.54 © Fotolia (RF), Torsten Schon (A); © Fotolia (RF), Christian Schwier (B); © Fotolia (RF), Galina Barskaya (C); © iStockphoto (RF), Chris Schmidt (D); © Fotolia (RF), Karen (E); © iStockphoto (RF), Joey Boylan (F) – S.55 Fotolia (RF), Pavel Losevsky (oben links); © Fotolia (RF), Claus Mikosch (oben rechts) – S.56 (von oben nach unten): © Fotolia (RF), Pavel Losevsky; © Fotolia (RF), pressmaster; © Fotolia (RF), Bonsai; © iStockphoto (RF), Eric Hood –

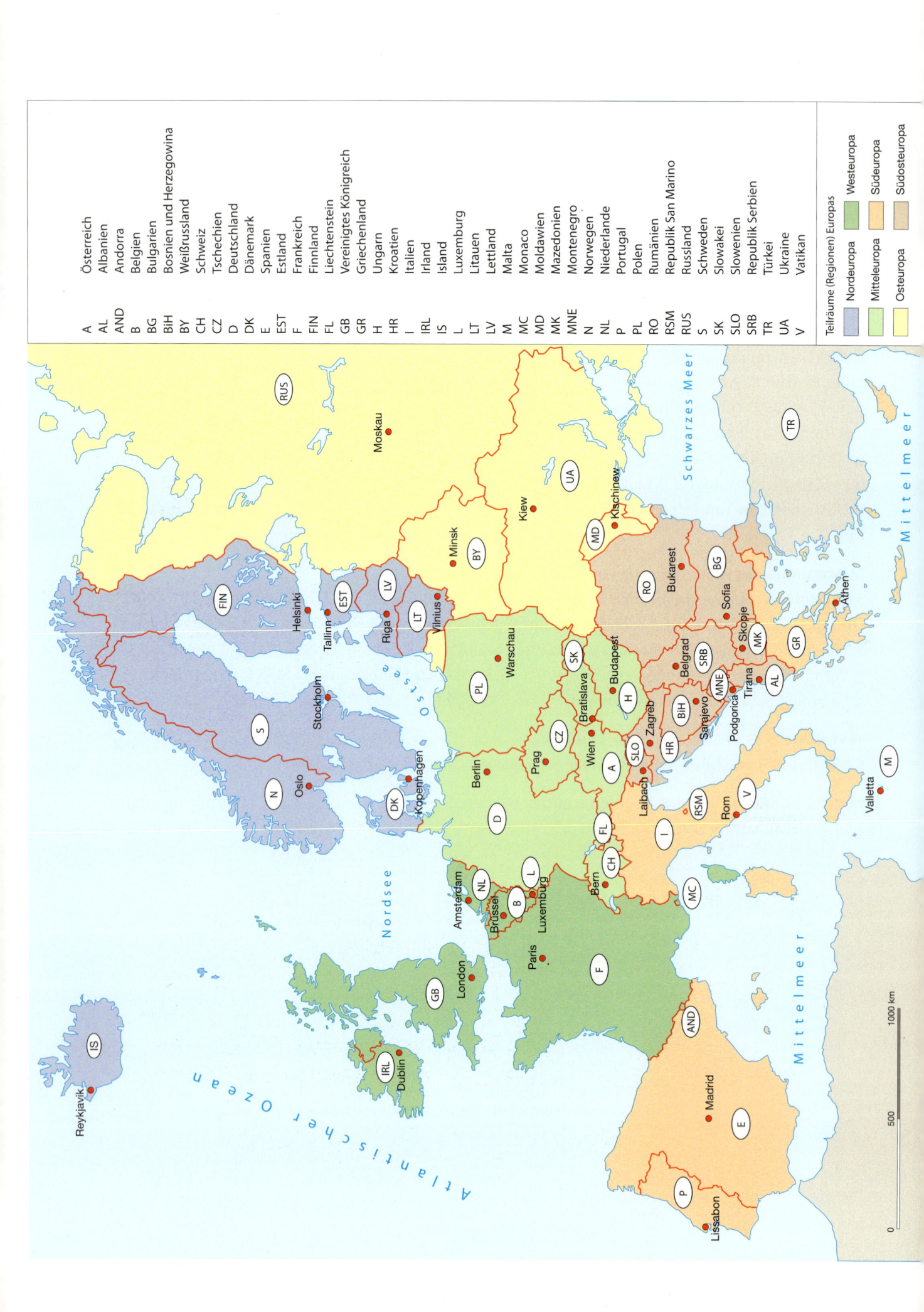

A — Österreich
AL — Albanien
AND — Andorra
B — Belgien
BG — Bulgarien
BiH — Bosnien und Herzegowina
BY — Weißrussland
CH — Schweiz
CZ — Tschechien
D — Deutschland
DK — Dänemark
E — Spanien
EST — Estland
F — Frankreich
FIN — Finnland
FL — Liechtenstein
GB — Vereinigtes Königreich
GR — Griechenland
H — Ungarn
HR — Kroatien
I — Italien
IRL — Irland
IS — Island
L — Luxemburg
LT — Litauen
LV — Lettland
M — Malta
MC — Monaco
MD — Moldawien
MK — Mazedonien
MNE — Montenegro
N — Norwegen
NL — Niederlande
P — Portugal
PL — Polen
RO — Rumänien
RSM — Republik San Marino
RUS — Russland
S — Schweden
SK — Slowakei
SLO — Slowenien
SRB — Republik Serbien
TR — Türkei
UA — Ukraine
V — Vatikan

Teilräume (Regionen) Europas
- Nordeuropa
- Mitteleuropa
- Osteuropa
- Westeuropa
- Südeuropa
- Südosteuropa